读懂小学生

心理特级教师的咨询手记

——修订本——

杨敏毅　吴权——著

中国人民大学出版社
·北京·

目录

第2辑

帮助学生抛开成长的烦恼

第3辑

构建和谐的人际关系

第4辑
引导学生克服心理障碍

再版前言

时间是最好的见证。本书出版以来不仅受到广大读者的关注与好评，也收到社会的良好反响。不断传来的加印消息，说明此书受到了大家的青睐。在此向大家表示我们诚挚的谢意。

再版之际，与大家交流一下当初写作的动机和当下的思考，以及关于本书的修改和未来的期待。

当初我们的写作意图就是想说说学生的心理故事，谈谈教师应该如何应对学生的心理问题，但写着写着我们发现小学生、初中生和高中生的心理故事有所不同，教师应对的方式也该有所区别。所以，就写成了《怎样读懂学生：心理特级教师的建议》《读懂小学生：心理特级教师的咨询手记》《读懂初中生：心理特级教师的咨询手记》三本书。它们分别针对不同年龄学生的特点，给教师和家长提出了建议。在撰写过程中，我们发现学生心理问题的发生和解决，与教师、家长的心理困惑、做法息息相关。教师和家长不仅是学生处理心理问题的解铃人，而且是学生产生心理问题的系铃人。因此，我们又撰写了两本关于教师和家长心理的书：《做内心强大的教师：教师常见心理困惑解析》《透视孩子的心理世界：给教师和家长的心理学建议》。

几年过去了，学生的问题、教师的方法都发生了变化。比如，肆虐全球的疫情对学生的心理、亲子关系等都造成显著影响。所以我们补充了一些符合当下情况的案例。书中人名均为化名。修订后的各书更贴近读者的实际需求，也更具指导性。

岁月催人成长。我们在不断实践的基础上，对“读懂学生”这四个字也有了新的理解。本书第一版记录的 48 个心理咨询案例，主要从问题出发，在倾听学生的基础上剖析、澄清实质和辅导学生。现在，我们觉得“读懂学生”还应体现在理解、接纳和引导上。我们应该读懂学生的学习特点、兴趣特长、心理特质和困惑特需，并在积极心理学基础上，开发更多有趣的、有效的心理辅导活动，以改善学生的情绪状态，优化学生的心理品质。

这几年我们走访了一些学校，接触了一些学生、教师和家长，对学校心理健康教育工作的重要性有了更深的理解。教师们渴望获得更多读懂学生、家长和自己的方法与技能。面对日益复杂的学生心理问题，他们希望能有人给予指点与示范。这些交流让我们觉得自己有义务做好这项工作。所以，我们将本书修订再版，继续发掘新话题，希望能为学生、教师心理健康水平的提升做点儿贡献。

序　言

现在的小学生和初中生普遍集长辈的万千宠爱于一身，这造成一些学生不同程度地存在各种心理问题。这就需要教师和家长多关注他们的心理需求，及时了解他们内心的想法，耐心倾听他们心底的声音，理解他们的欢乐与苦恼，成为他们成长路上的引路人和陪伴者。

我们在整理以往的心理咨询案例时发现，中小学生的心理问题主要集中在学业困惑、成长烦恼、人际关系和心理障碍四个方面。

在学业方面，学生的入学适应问题表现得尤为突出，面对新环境、新同学和新老师，学生不知该如何应对。“零起点”入学的小学生适应能力明显偏弱。一些初中生入学后，面对同学间的学习竞争显得很迷茫。有些学生一听说要考试就紧张、焦虑，考试时头脑一片空白。某些平时学习成绩不错的学生，在考试中出现无法发挥正常水平的情况。某些家境富裕的学生，学习动力不足，把学习视为苦差事，甚至出现花钱雇同学替自己完成作业的现象。

在成长和人际交往方面，学生存在与同龄人交往不畅、性格孤僻、喜欢抱怨别人、不接纳自己等情况，容易产生人际关系方面的困惑与冲突。有些学生内心很孤独，自我控制能力较弱，情绪起伏较大，易冲动，为了得到他人的关注，常采用搞恶作剧、说谎、打骂他人、顶撞教师等不恰当的表现方式。随着父母离异、家庭不和、亲子间缺乏沟通等现象增多，许多学生缺乏安全感，出现自卑、叛逆等心理。这些学生在与老师、同学的接触中，难以交到知心的朋友，难以融入班级群体；在与家长的相处中，缺乏信任与感恩，亲子关系疏远、冷漠，甚至冲突、对立。

在心理误区方面，有的教师总怀疑学生得了某种心理疾病，常常在网上寻找案例，然后对号入座地判断学生是否患上了“抑郁症”“多动症”“人格障碍”“强迫症”等，并不自觉地给学生贴上有心理障碍的标签，从而加重了学生的心理负担，影响其身心健康和学业成绩。有些学生则通过吮吸手指、暴饮暴食或其他异常方式来发泄不良情绪。教师要善于观察学生的各种行为表现，分析学生的心理状态，及时转介给专职心理教师或心理医生诊断处理。教师千万不能妄加评判，伤害学生的人格尊严，耽误学生心理干预及治疗的时机。

作为过来人，教师更应学会站在学生的角度思考问题，用欣赏的眼光看待每个学生，建立良好的师生关系和家校关系。教师应掌握学生的情绪和行为状况，运用各种方法与手段做心理指导，帮助学生健康、快乐地成长。

为了更好地向读者呈现学生的行为特征，分析隐藏的主观和客观原因，清晰展示咨询的脉络，本书采用故事叙述和心理对话的方式写作，以增强案例的可读性。案例后的“聆听手记”简明扼要地概括了案例类型和诊断结论。

衷心感谢合作者吴权和黄莉莉两位老师。她们克服工作繁忙、家务繁重、身体不适等困难，认真写作，精心修改，使书稿得以顺利完成。感谢陈明梅、吴安和徐涛三位老师提供案例。

第1辑

让学生发现学习的乐趣

学习既是一个汲取营养的过程，又是一个锻炼成长的过程。学习的过程中既有幸福快乐的时光，又有历经磨难的煎熬。对此过程，每个个体的感受是不一样的，即使同一个人在不同时期的感受也有差异。

本辑涉及学习动力、自信心、考试焦虑等小学生在学习中常常出现的状况。心理教师应引导学生正确了解自己的学习潜能，懂得科学用脑，学会关注、调节自己的焦虑程度，培养学习的自我监控能力，掌握学习策略，努力克服因学习压力带来的厌学心理，让认知、情感和意志共同参与学习的全过程。这可以提高学生的学习效能，将学生的主动性、独立性、探索性和创造性有机地结合起来，帮助学生勇于学习，善于学习。

1 都是“零起点”惹的祸

——如何帮助一年级新生适应学校生活

那天和一位大学同学在一所小学门口不期而遇。谈到孩子的学习情况，老同学一脸焦灼和无奈：“我女儿毛毛正读小学一年级，是‘零起点’上学。全班写字最慢的就是她。同样的作业别人 30 分钟就写好了，她起码要写 1 个小时。字写得最难看的也是她。满作业本的字都像蚯蚓爬。数学口算最差的也是她。每页作业纸上都是红叉。每次上学、放学总是丢三落四：昨天忘了带卷笔刀，今天忘了带数学课本。书包、抽屉乱极了。公公、婆婆责怪我，让孩子赤手空拳进入小学一年级，输在起跑线上，吃了大亏。老公说我过于天真、幼稚，上了‘教育新理念’的当。在家里，我左右不是人，真是愁死了！你这个心理专家到处助人为乐，可要帮帮我家毛毛啊！”

正说着，一群学生排着整齐的队伍在老师的带领下走出了校门。老同学一眼就看见了女儿，指着背着粉色书包的女孩对我说：“那就是我家毛毛。”

一个一头卷发、白白的皮肤、大大的眼睛，像极了芭比娃娃的女孩就是毛毛。她十分有礼貌地和老师道别。老同学拉着毛毛走到我身边。毛毛甜甜地叫了我一声“阿姨”，忽闪着大眼睛好奇地看着我。

我俯下身微笑着问：“你叫毛毛是吗？多好听的名字！”

“嗯，是我妈妈告诉你的吧！”

“我还知道你画画好，跑步跑得很快呢！”

“不过，我字写得很慢。妈妈总叫我‘毛慢慢’。”说完，她低下了头，一脸沮丧。

“没关系，阿姨来帮你，行吗？今天是‘毛慢慢’，明天你就是‘毛快快’啦！”

“真的，这么好？哦，耶！”她非常开心，小脸蛋在夕阳的映照下显得异常活泼、可爱。

很快，我们来到了毛毛家。毛毛吃了一点儿小甜点后，就赶紧打开书包，认真而焦急地在书包里翻找语文作业本准备写作业。我一看她的书包：练习纸、铅笔盒、书、作业本、跳绳、水杯，还有一件外套，通通被塞在了一起。她好不容易才从书包里找到语文作业本。

今天的作业是写字，每个字写四遍。第一个字是“天”。毛毛拿起了笔，认真地写了起来。

我仔细观察她的写字姿势：右手执笔，左手扶纸，坐姿正确。唯一的问题是，她的手指尖几乎快碰到笔头了。写字速度确实慢得像蜗牛爬，“毛慢慢”真是名副其实。一个四笔的“天”字，竟整整写了两分钟。笔顺也有问题，正确的写法应该是横、横、撇、捺，她却写成了横、撇、横、捺。撇和捺的笔画写得很怪异。

四个字写了足足 20 分钟：第一个字她觉得写得太大，超出了田字格，擦掉重写了一遍；第二个字写歪了，又擦掉重写；第三个字写得太轻，又擦掉重写。等第四个字写好后，她有点儿紧张地把本子交给我。我一边表扬她“认真”，一边拿起本子看四个形态各异的字：歪歪扭扭，大大小小，长长短短，深深浅浅。

我对她说：“我们一起重写一个‘天’字吧。”我一边耐心地讲解，一边认真示范。我让她先描红找感觉，接着手把手地带她写了几个，很快她就基本掌握了撇和捺的写法。

毛毛按照我的要求在练习本上写了五个“天”字。我又仔细、认真地看了一遍，边看边微笑着点头表扬说：“第二个‘天’字，你写得真漂亮，第五个‘天’字的撇写得好看！”说完，我在作业本上画了两个大大的圈，在这两个字旁边画了两个五角星。她甜甜地笑了。

我笑着对她说：“写字的时候，手和铅笔的距离不能太近。”我示范了一下正确的距离。听到赞美的她，按照我的要求又愉快地重写了一遍。

“明天这个时候，你还愿意让阿姨来你家陪你写字吗？”我主动问。毛毛欢快地答应了。

我给她布置了三项家庭作业。

第一，学会整理书包。分类存放，做到整洁有序。

第二，每天上学前读读她妈妈贴在书包上的提醒纸条——“查查该带的物品是否带全”，要是带全了，就和她妈妈说“再见”。

第三，背诵笔顺口诀：“先横后竖，先撇后捺，从左到右，从上到下，先中间后两边，先里头后封口。”

第二天一见面，老同学就开心地对我说：“毛毛昨天的抄写作业得了个‘良’。老师说她写字进步很大，笔顺口诀也背下来了，也没有出现丢三落四的情况。”

趁毛毛放学还没有回家，我对老同学说：“毛毛是‘零起点’进小学，遇到一点儿困难很正常。现在她最需要的是陪伴、鼓励和具体的帮助。你这个做妈妈的每天也有任务。第一，引导、督促她整理好书包，准备好文具。第二，每天督促她练字 20 分钟。第三，她计算慢，你不要过于着急，和老师沟通好，暂时放低要求，可以把数学知识融合在生活里。比如，买零食和生活用品时，可以让她试着计算。第四，多鼓励，只要今天比昨天有进步就要表扬。这样坚持三四个月，一定会见到成效的。除此之外，最重要的一条是重视她的阅读。阅读是学习的根本。”

毛毛到家了，一看见我就很开心地告诉我：“老师表扬我写的字了。”小家伙竟然忘记了吃点心，嚷嚷着要我教她写字。一年级学生写字都要在田字格中书写，而她的空间观念还不强，让她在田字格中把字写端正成了我这次辅导的目标。

今天的作业是写“口”和“禾”字。我让她先观察它们在田字格中的位置。她很快发现它们都在田字格处于中间的位置，字的上下左右都要空。在她对位置有了整体把握后，我指导她观察字的每个笔画，特别是主要的几笔在田字格中的位置。书写汉字，只有抓住关键笔画的书写，才能把字写端正、漂亮。

通过我耐心、细致的指导，她基本上能把“口”字写漂亮了。在写“禾”字时，我问她：“要把这个字写好，关键要写好哪几笔？”

她观察后想了一下，回答说：“要写好‘木’字和上面的平撇。”

通过我的引导，她学会了写每一笔前先和田字格中的横中线、竖中线比一比位置，并且感受到了字的美，也能模仿着写出很漂亮的字了。

在整整一周的陪伴中，毛毛的写字成绩依次为：良，良$^{+}$，优$^{-}$，优。字越写越好，越写越漂亮。她体会到了学习的成就感。我对此感到十分欣慰。虽然她在数学计算方面还没有达到目标，但是她没有放弃学习，没有放弃努力，依然按照自己的节奏，自信地缓步前进。我坚信，“零起点”的毛毛是一只慢慢爬的小蜗牛，只要保持前进的动力和愿望，到达终点只是时间早晚的问题。

聆听手记

“零起点”上学是指学龄前儿童没有提前进入以掌握教材知识点为目标的学习状态中。零起点上学并不是说孩子是一张白纸，因为孩子在入学前已经有了丰富多彩的生活体验，也有不同程度的经验收获。这个年龄段的孩子最需要的是情感发展而非智力培育，所以，对零起点上学的孩子，我们更需要关注孩子的心理发展，使其对学习保持一定的兴趣，养成良好的习惯。家长和老师要给孩子适应的时间，学会耐心等待。除此之外，对孩子在学习过程中遇到的具体问题应给予实质性的指导与支持。

2 小小包租公
——如何激发家境富裕孩子的学习动力

这天，我接了一个电话，是前同事刘老师打来的。我有点儿奇怪，因为她调走后我们没什么联系，怎么突然打电话?

我带着疑惑接通了电话，寒暄几句后她说："有件事想请您帮忙。我有一个学生，人挺聪明的，也有上进心，就是成绩上不去。我看着挺着急的，可没什么好办法帮他，只能劳您大驾了。"

"你简单介绍一下他的情况吧。"我一边说一边拿过记事本。

"他叫小华，是个男生，11岁，读小学五年级。父母本是郊区农民，土地被征用后进了一家商场工作。"

"如果孩子和家长下午有时间，就请他们三点之后过来找我吧！"我一边记录小华的基本情况一边回答。刘老师道谢后挂了电话。

当天下午三点，有人敲心理辅导室的门。我打开门，看到一个中年女人带着一个男孩，他们就是刘老师介绍过来的小华母子。

我一边让他们进屋，一边打量他们。小华妈妈穿了一件裘皮大衣，脚穿一双长筒皮靴。可我感觉不到她的雍容华贵，反而觉得有些滑稽。小华穿了一身校服，脚上是一双名牌运动鞋。

等他们坐定后，我问小华："有什么可以帮你的吗？"

还没等他回应，他妈妈马上说："老师说我家孩子成绩不好，我们也不知道该怎么办。"

"是的。"他点点头，看上去挺老实。

"学习是靠慢慢积累的，着急也没有用。"我安慰道。

“我们不着急，倒是刘老师很着急。”她的话出乎我的意料。我疑惑地看着这对母子问：“这是怎么回事？”

小华妈妈解释说：“他读得好坏，我和他爸爸都无所谓，反正饭是有得吃的。倒是刘老师说他很聪明，不好好读书可惜了。”

“看来你们家条件不错啊！”我笑着说。

“哪里，我们就是一般的农民。”她嘴上谦虚，但丝毫掩饰不了话语里的优越感，“我们家有一幢楼，下面还有几个店面，一年收个几十万租金没有问题。”

“那是不错，但你们想让小华一辈子就靠这些租金生活吗？”她的回答让我又好气又好笑，于是追问道。

“那有什么不好？就是考上了大学，找到了工作，也没这么多钱啊！”她不以为然地说道。

“总不能让孩子无所事事地混一辈子吧，还是有个一技之长在手更有保障吧？”我问道。

她一时语塞。我转身问小华：“你说呢？”

“我知道这样不好，也想好好用功，但就是下不了决心。”他看着妈妈回答道。

“小华要是书读得好，有出息，当然就更好了。”她话锋也转了过来。

“妈妈盼儿子有出息，儿子也有把书读好的愿望，挺好的！”我鼓励道。

接下来，我与小华进行了单独交流。从交流中我了解到，家住城乡接合部的他，课余生活不是看电视，就是打游戏。成年人一些错误的人生观对他产生了巨大的影响，他心中一直有一个疑问：“家里已经这么有钱了，为什么还要读书？”

“你是说，家里有钱了你就可以不读书了？要是你觉得家里有几个店面、几套房子就可以不用读书的话，那么，比你家更富有的家庭的孩子就更用不着读书喽？”我指出了他的错误思维和观念。

他一时不知道该怎样回答，摇摇头说：“老师，你的说法和我父母的说法不一样。”

“你能感受到不一样，挺好的。”我继续鼓励。

“我也很好奇，富人家的孩子为什么还要读书？”问完后我给他布置了一个家庭作业：采访10位邻居家的孩子或同学，问问这些人为什么去学校读书。

一周后，小华来到了心理辅导室，给我的答案如下：

① 人若是不学习，就和动物没有什么区别了。

② 为了长大有份体面的工作。

③ 为了更好地继承家业。

④ 为了做自己喜欢的事情。

⑤ 为了实现自己的理想。

⑥ 为了实现家人的梦想。

⑦ 为了帮助穷人。

⑧ 为了报答父母。

⑨ 为了得到老师的表扬。

⑩ 为了让父母更喜欢自己。

我告诉他，当一个人有了人生目标以后，他学习时也就有了动力，有了兴趣，有了积极性。

关于兴趣和目标，小华还是挺乐意与我讨论、分享的。他说他喜欢玩兵器模型，喜欢玩战争类游戏，也常看一些军事题材的书。这下，我找到了他学习的动力源之一，便挑选了著名军事家指挥精彩战役的故事讲给他听，使他明白，他崇拜的许多军事家正是通过认真学习，有了扎实的知识基础，才能打出一场场漂亮的胜仗。这让他对学习的重要性有了更清楚的认识。后来，我找来了一些小朋友向他请教兵器知识，让他觉得自己也是很能干的，帮他树立自信心。

此外，我鼓励他看一些有关名人用功读书、报效祖国的故事，并及时与他交流想法，了解他思想上产生的变化。渐渐地，他明确了学习的目的，懂得了只有掌握丰富的知识，才能实现自己的理想，体现自己的价值和意义。

对小华进行心理辅导，最终要获得成功还得取得他家长的配合。我跟小华妈妈讨论了一个问题：我们应该给孩子留下什么？这个问题看似简单，但其实并不好回答。人们最先想到的答案一般是金钱，但这可能是最不靠谱的答案。给孩子留下一些东西，本意是为了让孩子过得更幸福。如果把财富留给没有能力管理和支配它的孩子，不但可能会毁了财富，还可能会毁了孩子。

我建议家长要多学习。如果家长能学习，本身就会给孩子起到一个良好的示范作用，孩子也可以从家长的进步中获得学习的动力。

聆听手记

学习动机指学习活动的推动力，又称学习的动力，是推动学生进行学习活动的内在原因，是激励、指引学生学习的强大动力。学习动机的心理因素包括学习的需要，对学习必要性的认识及信念，学习兴趣、爱好或习惯等。由于学习目标可以指引学习的方向，所以可以把它称为学习的诱因。学习目标同学生的需要一起，共同成为学习动机的重要构成因素。

假如把学习看成一件苦差事，体会不到学习的乐趣，再加上受到来自社会、家长等方面的不良影响，学生最终就会丧失学习动力。对缺少学习动力的学生进行心理辅导，必须紧紧抓住学习动力这个突破口，以明确学习目的为核心，以塑造良好个性为目标，采取认知疗法、情绪疗法和行为疗法相结合的辅导方案，运用分层递进目标达成法来实现目标。

3 “我要外婆陪我上学”
——如何帮助学生缓解分离焦虑

一个休息日，我正打算做家务，突然接到做记者的老同学的电话。她约我到茶楼见面，聊聊她儿子的事。

她儿子叫小樵，7 岁，在一家不错的学校上小学一年级。

看她的表情非常严肃，我便问：“小樵怎么了？”

“不肯上学呗！”说着，她长长地叹了口气，“你知道，小樵今年刚上学，一开始就不肯去，后来连哄带骗地把他送到学校。他说‘我要外婆陪我上学’。在学校里，他三天两头身体不舒服，不是头痛就是肚子疼，送到医院检查却什么毛病都没有。一开始我以为是因为刚刚上学不适应，可是都两个多月了还是这样。上周老师叫我去学校，说是小樵又病了。我匆匆忙忙地跑到学校，带他去了医院，结果又没查出什么。他不肯再去上学了。只好请了一周假，让他外婆照看他。后来老师提醒我小樵是不是有什么心理问题，我就想到了你。”

“小樵以前去幼儿园的时候有过这种情况吗？”由于和她长时间没什么联系，所以对她儿子的情况我不清楚。

“他根本就没有上过幼儿园。”她摇摇头说。

“那是怎么回事？”我一脸愕然。

“还不是因为我妈！”她一脸无奈地说，“我一生下小樵，我妈就宠他宠得不得了。再加上我和他爸爸工作都很忙，所以他从小就是由我妈带大的，平时都是和我妈睡。只要离开她一会儿，他就哭着闹着要找她。后来到了上幼儿园的年纪，我妈不放心让他去，怕他在幼儿园不习惯，怕他吃亏。我想反正幼儿园也不是非上不可的，就没有坚持。到了上学的年龄，虽然我妈还是老大不情愿，但没办法还是让他去了。没想到竟然会这样。”

“你先别着急，让我和小樵谈谈。”我安慰她，并约定第二天上午十点在心理辅导室见面。

第二天，老同学夫妻带着小樵准时来到心理辅导室。简单寒暄了几句后，我问：“小樵，认识阿姨吗？”我试着和他套近乎。

他有点儿茫然地看看他父母，机械地点了一下头。

“告诉阿姨，上学好不好？”

“不好。”

“为什么？”

“老师骂人，同学欺负人，还有很多作业。”

“老师骂你了吗？”我试探性地问。

“没有。”他回答的声音很轻。

“同学欺负你了吗？”我继续问。

“没有。”他摇摇头。

“学校布置了很多作业吗？”

“没有作业。”他继续摇头。

“那你为什么那样说呢？”

“是外婆说的。”他扬起小脸看着妈妈说，“外婆说，读书以后就再也没有时间玩了；每天做作业要做到很晚，做不完就不能睡觉。”

“看样子，外婆没有说对嘛！”我笑着说。

看得出，小樵很紧张。于是，我给他做了一个放松练习。让他平躺在沙发上，双脚伸直并拢，双手自然地伸直，放在身体两侧。排除杂念，双目微闭。我让他先把注意力集中在腹部肚脐下方，用鼻孔慢慢地吸气，感觉气流从口腔里顺着气管进入腹部，腹部随着吸入的气慢慢地鼓起来。吸足气后，稍微屏气，以便氧气与血管里的浊气交换。然后，用口和鼻同时把浊气从腹中慢慢地呼出去，腹部慢慢地瘪下去，睁眼。完成后重复做了一遍。

我又跟老同学夫妻进行了交流，告诉他们家长对孩子过分溺爱，凡事包办，有求必应，会造成孩子不能正确评估自己。若是环境发生变化或受到刺激时，孩子的应变性差，容易产生焦虑倾向。所以，他们要学会拒绝小樵不合理的要求，不应过度关注他，要培养他坚强、勇敢、独立的品格，以及克服困难的勇气。

我还告诉他们，安慰和关怀是抚慰孩子焦虑情绪的良药。因此，要对孩子进行心理支持。家长可以通过抚摸身体、交谈等方法，让孩子产生安全感；帮助孩子正确认识导致其出现焦虑情绪的事情，与其倾心交谈，教给孩子正确的管理情绪的知识；还可以有意识地培养孩子集中注意力、不讲话、不时常站起来走动、认真做事的习惯；希望他们多讲讲上学时的趣事，让孩子对上学充满兴趣和向往，从而消除孩子对学校的恐惧和焦虑。

辅导结束时，我给小樵布置了第一次心理辅导的作业：做放松训练，每天早晚各做一次，每次 10 分钟。

据老同学反馈，第一次辅导后的一周时间里小樵没有生病。

第二次心理辅导时，我与小樵一起列出了引起他不良心理反应的具体情节，如“明天要上学”“来到学校门口”“走进教室”等。然后，建立焦虑事件等级，将上述刺激情景按照从弱到强的顺序，排出焦虑等级，从低到高依次是：明天要上学→走在上学路上→来到学校门口→走进教室→坐在座位上听课。

接着，我帮助他进行放松训练，让他在松弛状态下根据我们排出的焦虑等级情景做想象，在想象中依次进行松弛反应训练，抑制焦虑反应，直到他认为在想象中坐在教室里不再感到焦虑为止。这样的练习，我们每周做一次，一共持续了四周。

最终，小樵的焦虑情绪得到了缓解，不再拒绝和外婆分离，也不再逃避上学了。现在，他已经是小学三年级学生，完全适应了学校的集体生活。

聆听手记

焦虑是一种以强烈的消极情绪和紧张的躯体症状为特征的情绪状态。在这种情绪状态下，人们会对未来的危险或不幸感到不安。小学生的分离焦虑主要表现为：不愿上学，不愿离开家长，担心家长出意外，担心自己走失或被拐走。

每个孩子天生的气质、敏感度和情绪表现都不一样。虽然不能将孩子的分离焦虑情绪都归因于父母管教不力，但家庭成员的互动气氛、夫妻间的紧张关系和家庭的冲突的确会影响孩子的表现。

小学一年级新生要适应生活节奏和生活方式的变化，调整好作息，以积极向上的乐观心态迎接新学年的到来，尽早融入新集体。在孩子向学生角色转换的过程中，家长应主动观察孩子的生活，提前带孩子参观校园，了解新学校的情况，并引导孩子主动交友，融入集体生活。老师则要通过丰富多彩的集体活动，让每个新入学的孩子感到学校的温暖和老师的善良、慈爱，以消除新生对学校生活的恐惧和疑虑，使他们顺利适应最初的学校生活。

4 不敢举手的学生
——如何引导胆小的学生

一天早上，刚到办公室我就接到了班主任魏老师的求助电话。近一个月，她很辛苦，要管理刚组建的新班集体，事情挺多的。她每次看见我都说，班上有个女生雯雯，在班里总是悄无声息的，虽然很听老师的话，但在所有的课上都不敢举手发言。有时，老师忍不住叫她回答问题，她的声音也是轻如蚊蚋。

“我已经约了雯雯的家长来学校。您能不能抽时间与他们谈一谈？”魏老师很认真地跟我预约。帮助每个学生健康成长是心理教师的职责，我当然乐意。

中午，雯雯妈妈带着雯雯来到了心理辅导室。寒暄之后，我问雯雯和她妈妈先跟谁谈，母女俩都选择了先与雯雯谈，这也是我希望的。

雯雯，小小的个子、平整的刘海；瘦弱，有点儿营养不良的感觉。她非常有礼貌，表现出良好的家教。

“雯雯，魏老师让你到这里来干什么呢？”我问。

她摇摇头说：“不知道。”

“你喜欢上课吗？”

“喜欢。”她毫不犹豫地回答。

“喜欢这里的老师吗？”

“喜欢。”

雯雯非常配合我，也很愿意表达。她似乎真的不知道这次交谈与她不爱举手回答问题有关。或者说，她并不觉得上课不举手发言是个需要改正的毛病。接下来，在与雯雯妈妈的交谈中，我了解到雯雯尽管已经上小学了，但每天都尿床。幼儿园三年，她也几乎不举手发言。幼儿园的老师为了让她举手发言，曾经特意把问题问两遍，第一遍由别的同学先回答，第二遍再叫她回答。在老师问第二遍的时候，也就是她已经知道了答案后，才会举手要求回答。

我对雯雯的辅导，没有探究她尿床的缘由，而是从培养她的自信心入手。我认为，对小学一年级的学生而言，行为训练是一种行之有效的成长方式。

我向雯雯妈妈简单地介绍了行为训练的方法，希望家长也能为雯雯创造一个训练举手发言的环境，同时家长也能起到示范作用。

“老师，雯雯喜欢逛超市、看电视，黏着我们陪她玩。我们可以在满足她的要求前，让她举手。”雯雯妈妈很通情达理。

这次心理辅导结束后，雯雯的家里可热闹了。“开饭了，开饭了，要吃饭的人请举手。”雯雯妈妈的话音刚落，雯雯爸爸、外婆立刻举手。雯雯看到他们举手，觉得挺逗。“雯雯，快点儿举手，否则就吃不到北极甜虾了”，她爸爸“着急”地提醒她。北极甜虾可是她的最爱。看在北极甜虾的份儿上，她举起了右手。

吃过晚饭，雯雯妈妈又说：“要去超市的请举手。”这回，雯雯下意识地第一个举起了手。为此，雯雯妈妈还特意奖励她可以在超市里多选购一件商品。

周末了，雯雯妈妈又说：“想去外婆家的人请举手。”外婆是雯雯的好朋友，外婆住的小区里还有姗姗、莉莉、可可等小朋友，雯雯当然要举手喽！

雯雯的全家人都参与举手，连照顾雯雯的钟点工阿姨也不例外。

实施的第一周，雯雯在家里举手是比较轻松的，而在课堂上举手仍比较困难。我问她原因，她说：“说不出正确答案，会很难为情。”于是我约她放学后一起做个游戏。

放学后，我陪着雯雯站在校门口。我扮成一个初来乍到的问路者，向一位迎面走来的陌生人问路："请问，去延安路怎么走？"等对方回答后，我装作听不懂的样子又问了他一遍。一路上，我连续问了三个陌生人同样的问题。接着，我让她主动去找陌生人问路。她紧握着我的手，"雯雯不怕，有老师保护你"。在我的鼓励下，她怯生生地照做了。聪明的她找了一位带着小孩的妈妈说："请问，去延安路怎么走？"她迈出了变得自信的第一步。看得出，她很兴奋。

之后，我和雯雯玩的游戏是去小卖店阿姨那里换零钱。我先示范如何跟阿姨换零钱，然后让她学着做。这比第一周的游戏更困难，因为这会给对方带来一些麻烦，也会给她带来一定的心理压力。"阿姨，谢谢你给我换五块钱的零钱。"有我给她"撑腰"，她照做了，并且换回了零钱。她成功了！

一周、两周、三周，慢慢地，雯雯在课堂上举手发言的次数增加了。在课堂上，雯雯每次举手，都得到了老师的关注。起先，老师让她回答一些简单的问题，接着，让她回答一些需要表达自己观点的问题。她的每次回答都得到了老师的鼓励、赞美甚至奖励。雯雯举手发言时的声音也在不知不觉中变得响亮了。

在进行举手训练的这段日子里，雯雯隔天就来跟我汇报上课举手发言的大致次数和心得体会，我也鼓励和表扬了她的举手行为。我们每次都会商量好下次要实现的目标，以及实现后给予怎样的奖励。

一个月以后，我与雯雯玩的游戏是"模拟争吵"。我邀请了雯雯班里喜欢与人争论的男生小刚。我设计的场景是这样的：小刚做值日生，雯雯来检查，认为小刚的值日工作没做好，要重做。雯雯进入角色比较慢，每当小刚占上风的时候，我就帮着雯雯一起批评小刚。慢慢地，雯雯的嗓门大了起来。这次训练的目的是帮助雯雯勇敢地面对强者，增强她的自信心。

上二年级的时候，雯雯在一篇作文中写道：

我是一个胆小的女孩。从前的我，内向、不自信，很少举手发言。偶尔发言，也是鼓足了勇气才做到的；发言时的声音从来都是很轻很轻的。老师和妈妈一直在帮助我，希望我能积极举手发言。直到一年级下学期，那一次在数学课上的发言，极大地改变了我。

当时，老师在台上滔滔不绝地讲，我在台下呆呆地听。不知什么时候，老师说了一句话：“这道题比较难，看谁能来说一说，说对了有加分哦！”咦？这道题是我昨晚预习过的，妈妈已经给我讲过一遍了。我好想回答啊！可是，万一说错了怎么办？同学们会嘲笑我吗？哎呀，也有可能说对呀，还有加分！……

我下了好大的决心，用尽吃奶的力气，低低地举了一下手。老师的目光非常敏锐地发现了我。“雯雯，你来试试看吧！”“哦。”我慢慢地站了起来，嘴唇动了一下，艰难地从口中吐出了一个又一个字。慢慢地，我的语速快了起来，口齿清晰了起来。我抬起了头，越说越自信，越说越响亮。其实，这道题目并没那么难呢！我都不记得我是怎么回答的了。但我知道，我可以，我一定可以，加油，加油，加油！时间如流水般奔走，我回答完了，战战兢兢又满怀期待地望着老师。老师微微一笑：“请坐！你答得很好，同学们听懂了吗？”我慢慢地坐了下来，松了口气，但还是不放心，不知道大家会怎么评价我。

下课铃响了，我还在回忆那个短暂的片段。我找到了平时最要好的朋友甜甜，有些自卑又有些好奇地问：“我在课堂上说得还行吗？”她的回答只有短短的八个字，却让我记忆犹新，也改变了我对举手发言的看法。她对我说：“这一回，你说得真棒！”

到了小学五年级的时候，雯雯已经成了学校广播站的播音员了。

聆听手记

雯雯的心理发育稍晚于同班同学，这跟她的尿床问题是有关系的。通常情况下，尿床的孩子会表现出记忆力差、注意力不集中、学习不拔尖、缺乏自信、胆怯、暴躁、易怒等特点。所以，雯雯要真正改变，也许要等到她不再尿床的那一天，而这将是一个比较漫长的过程。

在帮助雯雯的过程中，我运用了行为矫正训练法。所谓行为矫正训练法，是利用学习心理学的原理，特别是条件反射的规律，如强化消退、示范等，帮助心理与行为异常者改变异常的行为，形成新的适应性行为的一种方法。也就是经过教育和训练，产生经验内化和认同作用，使个人或群体改变原来的态度、习惯等，产生新的行为。通常，在幼儿园和小学低年段的学生辅导中，心理老师会比较多地使用这种方法。

5 “龙慢慢”的烦恼
——如何帮助学生改变拖延习惯

龙龙是个二年级男生，眼睛大大的，白嫩嫩、胖嘟嘟的脸上总是挂着天真、稚气的笑容，非常惹人喜欢。可是，不到一个星期，我就发现了龙龙的问题：上课注意力不集中，专注时间最多10分钟；交作业总是拖拉，每次都要在小组长的千呼万唤中才勉强上交；吃午餐时，别的小朋友早就吃完了，他还有一大半没有吃；单元测试的时候，总紧锁眉头，一副深思熟虑、非常艰难的模样；写作业时，要么玩笔，要么吃手指，要么发呆，就是不动笔。

有一次单元测试，下课铃声响起，他还苦苦地哀求收卷的同学等他几分钟，让他答完题再交。

是什么原因造成了龙龙的拖拉？是不良习惯、智力问题，还是家庭遗传呢？带着这些疑问，我把他叫到了心理辅导室。他低着头，仿佛做了一件错事，紧张又焦虑地看着我。望着他清澈、纯真的眼睛，一股爱怜和责任感涌上心头，我一定要帮帮他。

“龙龙，你是个可爱的男孩子，老师也很喜欢你。我叫你来，可不是要批评你哦。老师只想和你说说话，聊聊天。老师看你做作业、考试时动作都很慢，我想知道为什么。”

听到这里，小家伙抬起了头，慢慢地说：“我做事这么拖拉，没有人喜欢我。”

“做事拖拉是可以改的。你觉得你动作慢的原因是什么呢？”

“我本来就动作慢，外婆还叫我‘龙慢慢’。”

“为什么会这样呢？”

“他们都这么说！”

“他们是谁？”

“爸爸、妈妈、同学、老师、外婆……”

“想过要和别的同学一样快吗？”

“我没有和同学一样快的本事。妈妈说我做什么事情都做不好。我成绩一直很差，怎么也好不了。”他一脸沮丧，咬着嘴唇，低着头。

我轻轻地拉起他的手说：“相信老师，你的学习成绩一定会慢慢提高的，你一定能让好多好多人喜欢你的。”

“真的吗？”他略带兴奋地问。

“嗯。”我坚定地回答。

就这样，他开心地走出了心理辅导室。

第二天下午，龙龙妈妈急匆匆地赶到我的办公室。她身穿笔挺的套装，留着一头大波浪卷发，整个人看上去精神、干练、靓丽。她听了我诉说龙龙的情况后，焦急而又无奈地介绍了龙龙在家里的情况。

原来，龙龙爸妈都是财经大学毕业的银行经理，业务能力都很强，对龙龙的学业期待很高，要求他每门功课考试成绩至少在95分以上。龙龙尽管学习也算努力，可是几乎每次成绩都达不到要求，为此常常受到他们批评。龙龙妈妈是个急性子，看着慢吞吞的儿子，总是在一旁使劲儿地催。晚上回家写作业，很简单的几道数学题，龙龙总是磨磨蹭蹭，到10点才在他们的催促中勉强完成。上半年，他们外出调研，龙龙就被托付给了外婆照顾。外婆很宠他，每天早晨都是外婆把他从被窝里连哄带骗地抱起来，然后给他穿衣服，帮他洗脸，喂他吃早餐，帮他系好红领巾，然后帮他背上书包，送到学校。

聊到这里，我终于找到了龙龙做事拖拉的根本原因。他生活在妈妈的催促声中，不知不觉地养成了凡事等待他人帮忙的毛病。因为无论什么事情拖到最后，都有人帮他完成。生活上养成的拖拉习惯，自然影响到他的学业。爸妈的责备，同学的嘲笑，学习上的挫败感以及自信心的缺失，又让他变得很焦虑。他越是觉得自己不行，就越是担心、着急，就越采取拖延的方法逃避。再加上他时间观念淡薄，做事缺乏紧迫感，缺少计划性，到最后往往是“任凭你水深火热，我仍我行我素”。找到原因后，我采取了以下措施。

第一步，强化时间观念。我利用午休时间对龙龙进行一分钟专项训练，内容是难度不大的口算和写字。在训练的时候，我看表计时。每当他完成了任务，我就及时表扬，例如“真棒”“你很聪明哦”“进步真大”。他体验到了成功的滋味，自信心也慢慢地恢复了。当然，随着时间的推移，他对重复的训练内容会失去兴致，但我一直没有放弃。

第二步，改变不合理的观念。长期的学业失败，让龙龙习得性无助了。他固执地认为自己很笨，没有人喜欢他，成绩太差，再努力也不可能赶上其他同学。改变必须从改变观念开始。我帮他逐渐树立以下观念：

观念一：我完不成作业是因为我上课没有认真听，回家还长时间看电视。如果我改掉这两个坏习惯，我的成绩就会好一些。

观念二：老师那次讲的那道奥数题是关于手工制作的题，我很喜欢，做出来了，所以，喜欢的题目我是能做出来的。

观念三：我的劳技作品总是受到老师表扬，这说明我一点儿也不笨，而是个心灵手巧的好学生。

沟通、交流、鼓励、支持，一段时间下来，他的认知和观念改变了许多，自信心增强了，脸上也露出了灿烂的笑容。

第三步，提供平台，提出弹性要求。龙龙拖拉的习惯不可能一下子改掉，因此适度降低期望值，不断增加他的内驱力，给予弹性要求，学会等待，让他以自己的方式慢慢成长是我的辅导理念。我采用了多种评价方式。例如，根据他的学业起点，量体裁衣，只要他今天比昨天进步就奖励小红花。我还针对他的个性，给予个性化的鼓励、评价，并且用发展的眼光来看待他，记录他每天取得的进步，一周进行一次阶段性小结。这样，他每天都能看到自己的进步和努力，慢慢变得自信了。

第四步，家校联手，签订行为契约。我建议家长放手让龙龙自己动手做事。例如，起床、吃饭、整理书包、整理房间、削铅笔等，杜绝家长包办。在和龙龙妈妈的交谈中，我还了解到龙龙喜欢画画。于是我和家长商定，买一套他喜欢的画具作为奖品，和他签订行为契约，只要达到了要求，就能得到他喜欢的画具。我提醒家长在生活中也要注意多表扬、鼓励，少埋怨、批评。

经过具体训练，龙龙拖拉的毛病虽然有时候会反复，但是我能感受到他有一股蓄势待发的蓬勃向上的激情。

聆听手记

拖延也叫磨蹭，是指做事动作迟缓，在思想上很容易放弃，做事容易有头无尾。一般来说，爱拖延的孩子内心是有些无助的，情绪是不愉快的。这反映出父母干涉过多、缺乏有针对性的帮助和辅导的问题。

由于拖延习惯的养成不是一朝一夕的，所以，龙龙要彻底改掉拖延的习惯也要有个适应过程。根据心理学家统计，养成一个好习惯至少要反复 21 次才能做到。老师和家长如果急于求成，就会适得其反，孩子也会产生逆反心理，所以在辅导过程中，循序渐进很重要。

6 一考数学就怯场
——如何帮助学生应对考试焦虑

周末，我在公园里散步，冬日的暖阳温柔地照在身上，惬意而舒适。碰巧看到了曾经的老邻居阳阳妈妈和阳阳。阳阳妈妈比以前消瘦了很多，阳阳也没有以前那么阳光和活泼了。

“听说您是心理老师，我想问问您有关我家阳阳的事情。请您帮我出出主意，我可愁死了！”就这样，我听到了阳阳的故事。

半年前，开公司的阳阳爸爸因为被合伙人诈骗，突发脑出血住进了医院，好不容易才捡回一条命。医生嘱咐阳阳爸爸从此不能再操劳。陡然间，家里家外所有事都压在了阳阳妈妈一个人身上。为了不影响已经上小学四年级的阳阳，阳阳妈妈把他转学到一所比较有名的小学住宿学习。刚开始，他各方面表现优异。可从上个星期开始，阳阳总是感觉身体很不好，胃不舒服，原本最得意的数学成绩大幅下降。阳阳妈妈带他看了几个名医，都诊断他身体没有什么毛病。阳阳的班主任认为阳阳可能有心理问题，建议去看看心理医生。

我微笑着注视着站在一旁的阳阳。他曾经被邻居们公认为优等生，经常从学校领回一张张奖状和一本本荣誉证书，待人接物十分有礼貌又有教养，是小区里优秀学生的形象代言人。

现在阳阳说话不太主动，在他妈妈和我交流的时候，他多数时间都低头不语，目光游离，焦虑不安。只有听到妈妈说到与实际情况不符的地方时，他才会轻声地嘀咕给予纠正和解释。看样子他寻求改变的愿望还是很强烈的。

"阳阳，你是所有功课成绩都下降了，还是只有数学成绩下降？"

"另外几科还好，我尤其害怕数学考试。每次只要是数学考试，就肚子不舒服，手心冒汗。"他说。

"你觉得自己学习成绩下降的原因是什么呢？"

"新学校的课本和我原来学校的不太一样。我刚到新学校就参加了一次数学期中模拟考试，考得很差，觉得很没面子。以前，我拿过好几次数学竞赛冠军。数学老师对我说，成绩差可能是因为我还不适应新学校。我记住了老师的话，可是每次数学考试我还是会冒汗。"他小声地说。

"我也是这么对他说的。可是自从那次考试后，阳阳看见数学好像是老鼠见到猫，成绩一落千丈。"阳阳妈妈忍不住补充。

"数学考得那么差，老师、同学会看不起我的，我也想考得好点儿啊！"阳阳辩解道。

"天上又不会白白掉馅饼。我看你想考好，但是没有行动。每次我把你领去医院检查身体，医生总说你身体没有毛病。等检查后回到家，你还不肯好好学习，一天到晚玩手机。有时候，我多说你几句，你是不玩手机了，但是连饭也不好好吃了，锁上房门呼呼大睡。我真是急得头发都白了！"阳阳妈妈带着几许责备和埋怨数落他。

"我又不是故意的，看不进去书，学不进去呀！"他无奈地补充。

根据阳阳妈妈和阳阳的叙述，结合我的观察，我大致梳理出了阳阳的病征：没有躯体性疾病，只局限于数学考试，情绪没有泛化，没有严重影响社会功能，所以我得出的初步结论是考试焦虑。引起他焦虑的根源有以下几点：

① 转到新学校后的第一次数学考试失利给一向数学成绩优秀的他带来了沉重打击，从此留下数学考试的心理阴影。

② 在学校住宿，无法及时得到父母的心理支持，对新学校的老师、同学还处于观察了解期，不熟悉。

③ 个性要强，追求完美。

④ 认知发生偏差：过去数学成绩那么优秀，转学后第一次数学考试考砸了，老师、同学肯定会不喜欢自己。

⑤ 对数学考试感到焦虑，缺少相关指导。

正好学校的心理辅导室离公园很近，于是我带着阳阳来到了心理辅导室。

我微笑着对他说："数学考试时，你脑子里想什么？"

阳阳回答："完了，肯定又考不好了，老师更加看不起我了，妈妈更加生气了。"

我问："为什么这么肯定呢？有什么证据可以证明，数学考试成绩不理想，老师就不喜欢你，同学就看不起你呢？"

阳阳回答："我看他们的眼神感觉出来的。我已经习惯了，一到数学考试我整个人就不好了。"

我问："为什么以前你不害怕数学考试，还经常拿奖？"

阳阳回答："以前是以前；现在我心里没底，不知道究竟能不能考好。"

我问："你是说你没有把握做对题？"

阳阳回答："嗯。"

我问："你在哪些题型上容易出错？"

阳阳回答："计算题和填空题。"

我说："这很正常。我读书的时候，也经常在这里犯迷糊，挨了数学老师不少的批评呢！"

阳阳说："嗯，可是我……好几次了，没有一次考得好。"

我说："以前你数学考得好是因为你认真复习了考试的内容，对自己有信心。来到新学校后第一次参加考试，课本不一样，你还不熟悉考试的内容，也没有好好复习准备，所以考得不理想一点儿也不奇怪。"

阳阳说："马上又要期中考试了，我很担心数学考试。"

我问："你知道考试范围了吗？认真复习了吗？"

阳阳回答："知道。老师帮我们复习过了。"

我说："那你还担心什么？这次考试是在你有准备且有信心的前提下考的，和你第一次考试是有根本差别的。你只要好好复习，数学成绩一定不会很差。"

阳阳说："道理好像是这样，可是我还是会紧张。"

我说："慢慢来。我觉得你只要考试不紧张了，数学成绩就一定会很棒！"

接着，我指导阳阳学习呼吸松弛法和放松肌肉法来缓解考试焦虑，并且嘱咐阳阳妈妈帮助他在家进行放松练习，每天做 2 次，每次 10 分钟。他走出心理辅导室的大门时，显得轻松了很多。

第二个周末，阳阳再次走进了心理辅导室。我和他共同制定了考试焦虑的 10 个等级，指导他按想象反复训练，直到他不紧张、不焦虑为止。下面是我和他共同商定的焦虑等级：

① 在家里，没有考试。(0)

② 收到老师发送的要考试的消息。(10)

③ 听到老师宣布考试时间。(20)

④ 开考前一周，感觉学习不踏实，无法静下心来看书复习。(30)

⑤ 考试前两天，觉得紧张，口干舌燥，注意力分散。(40)

⑥ 考试前一天，睡不着觉，觉得大脑一片空白，手心出汗。(50)

⑦ 考试当天，早上起床时浑身虚弱无力，像生病了。(60)

⑧ 考试开始时，胃疼难受，两耳嗡嗡作响，想离开考场。(70)

⑨ 看到试卷后，发怵，拿笔的手会发抖，手心出汗。(80)

⑩ 看到不会做的题目，大脑一片空白。(90)

我对阳阳进行了系统脱敏训练。训练时，要求他闭上眼睛，我做口头表述，让他想象焦虑层次的 10 个等级。每完成一个等级的放松，就让他带着放松的心情想象焦虑层次的下一个等级，想象出感受到的紧张，同时放松，要求他反复做两次。就这样，我陪着他在痛苦的想象中完成了一个个系统脱敏训练。

一个半月后，我拿出焦虑自评量表对阳阳进行测量：标准分 49 分。他对我说：“现在数学考试不那么害怕了，虽然还会感觉紧张，但做深呼吸后就能平静下来。近来成绩提高得很快，老师也经常表扬我，妈妈、爸爸也不担心了，感觉又回到了以前的状态，好开心！”

聆听手记

一般而言，小学生以考试焦虑为主要表现的心理障碍，往往源于一次不愉快的考试经历，过重的心理负担伤害了正常的学习自信心。小学生的年龄认知特点会促使他们容易歪曲他人的评价，加上情绪不稳定、自制力不强，最终会导致考试发挥失常。

美国心理学家艾利斯的合理情绪疗法能改变求助者的非理性观念，帮助求助者解决情绪和行为问题。系统脱敏训练主要是通过放松的方法减轻求助者对刺激物的敏感性。实践证明，这两种方法是治疗考试焦虑切实可行的方法。

7 好学生就该考第一

——如何帮助好胜心强的学生

夜幕渐渐降临了，霓虹灯把高楼装点得既绚丽又神秘。我从心理辅导室的窗口向远处望去，高架桥上明晃晃的车灯汇聚成光的河流，缓慢而有秩序地流动。站在窗前眺望夜景，一方面使自己紧绷了一天的神经休息一下，一方面缓解因久坐而导致的脊椎疼痛。

这时桌上的电话响了，我赶忙接起。

一位家长在客气地问好后说："我的女儿叫小璇，今年 10 岁，读小学五年级，是一个很好的孩子，读书很努力，也乐于助人。她从一年级开始就当班长，成绩也一直名列前茅。可是进入四年级后，有几次考试她没考第一，心情就差得不得了，跟自己过不去。每天除了吃饭、睡觉，就是看书、做练习题。这不，昨天测验结果下来了，得了第二名，她又跟自己较上劲儿了。"听得出家长比较焦急。

"你们对她的学习成绩是怎么看的呢？"我想先从家长这方面找找原因。

"其实，我和她爸爸都是比较开明的人。我们认为第一名和第二名、第三名没有多大差别。我们也知道，小学生的名次差别也许就是写错一个标点符号的差异。所以，我们劝过她，可是她听不进去，所以想寻求您的帮助。"小璇妈妈的语气很真诚。她预约了周末带孩子来做心理辅导。

说实话，我遇见的案例大多是家长对孩子的学习成绩不满的，而像今天这样孩子对自己成绩不满的倒是不多见。

离约定时间还差 10 分钟，我就听到了敲门声。打开门，看见一对母女站在门口。女士长得很白净，戴着一副无框眼镜，穿着一件米色的风衣。女孩长得很清秀，小脸蛋白里透红，只是表情有点儿严肃，标致的柳叶眉微微锁着，虽然穿着一套校服，但从衣领处还是能看见里面穿着一件品牌童装。“是小璇吧，请进！”我一边寒暄一边招呼她们进屋。

看到小璇有点儿拘谨，我提议她先参加隔壁房间正在进行的团体游戏活动，一起玩游戏。做完游戏后，小璇感觉心情不错，不再拘谨了。

“小璇，听说你从一年级开始就当班长了？”我打算从孩子感兴趣的话题入手。

“是的，一直到现在都是。”她很敏感，马上做了补充。

“你认为怎样才算一个好班长？”我从她的话语里感到了她对“班长”这个称呼的荣誉感。

“首先学习要好，会协助老师管理班级，会帮助、团结同学。”她说话条理很清晰。

“为什么‘首先学习要好’？”我追问。

“学习不好还能做班长？”她看着我，仿佛我是一个外星人。

“那你认为怎样才叫学习好？”我决心把“外星人”装到底。

“当然是考试要得第一啦！”她不假思索地答道。

“你觉得考第二名就不算学习好吗？”我一步步地改变她固有的观念。

“也不能说不好，但毕竟没有第一名那么好。”她的观念慢慢地松动了。

“在你看来，第一名和第二名的差距真有那么大吗？”

“差距其实是不大的，但是，今天得第二，明天就可能得第三，后天就可能得第四，这样不就慢慢退步了吗？”她理直气壮地说道。

“这个结论你是怎么得出来的？”我假装很好奇。

“书上不是说，读书就如‘逆水行舟，不进则退’吗？”她不解地看着我。

“学习退步是放松学习才会出现的必然结果，偶尔得第二、第三并不代表学习退步。”

“老师，我不明白。”她露出狐疑的表情看着我。

“就像你刚才玩的游戏，有进也有退。哪怕退回小石子，还是有机会重新变为钻石的。一次退步并不意味着永远退步。中国古代科举考试主要有三级：第一级为乡试，考中的为举人，第一名叫解元；第二级为会试，考中的为贡士，第一名叫会元；第三级为殿试，考中的叫进士，第一名为状元。解元、会元和状元合称‘三元’。接连在乡试、会试、殿试中都考了第一名，称‘连中三元’。中国上千年的科举考试中，连中三元的只有十几个人。”

“是吗？”她的身体不由自主地向我倾斜过来。

“当然了，这样的事例还有很多。”我引导她一步步地朝我的话题靠近。

“我想听！”她饶有兴致地说，脸上的愁容也舒展开了。

在这次心理辅导中，我指出了她的错误观念。例如，班长就应该考第一，这次退步了下次会继续退步，好学生就应该考第一。她被这些观念困扰了。

接着，我用神经语言程序学辅导技术中的定框法技术对她进行了心理辅导。

我说：“先想一件最近困扰你的事。”

小璇说：“担心不考第一，做班长就没有威信。”

我问：“什么地方出问题了？”

小璇回答：“是我应该考第一的观念吧。”

我问：“为什么会有这种观念？”

小璇回答：“我以为只有考第一才是好学生。”

我问：“这个问题困扰你多久了？”

小璇回答：“一个学期吧。”

我问：“因为这个问题，你有哪些本来打算做的事都不能做了？”

小璇回答：“我放假本想去外婆家玩，想去旅游，都没去成，在家补习功课了。”

我问："是谁让你出现这个问题的？"

小璇回答："我自己。"

我问："这个问题使你感到最痛苦的时候是什么时候？"

小璇回答："从临近考试一直到公布成绩的那段时间。"

我问："你想怎样解决？"

小璇回答："我希望读书的时候心不要太累。"

我问："最快可以在什么时候解决？"

小璇回答："走出心理辅导室吧。"

我问："你凭什么知道问题已经解决了？"

小璇回答："我感觉压在心里的石头没有了。"

我问："这件事情解决以后，你在哪些方面会得到提升？"

小璇回答："我的思路更开阔了，会努力读书，也会多与人交流。"

我问："哪些人、什么事能帮助你解决这件事？"

小璇回答："其实，周围的人都在安慰我、鼓励我。"

我问："你可以开始做些什么以便早日解决这件事？"

小璇回答："已经基本解决了呀，就是您对我的开导啊！"她绽放的笑容说明了一切。

聆听手记

一般来说，不合理的观念有三个特征：绝对化、过分概括和糟糕至极。

绝对化是指人们常常以自己的意愿为出发点，认为某件事必定发生或不发生的想法。它常常表现为将"希望""想要"等绝对化为"必须"或"一定要"。例如，"我必须考第一""班长必须由考第一名的学生担任"等。这种绝对化的要求之所以不合理，是因为每个客观事物都有其自身的发展规律，不会以人的意志为转移。

过分概括是一种以偏概全的不合理的思维方式的表现。它常常把"有时""某些”过分概括为“总是”“所有”等。有些人遭遇一些失败后，就认为自己一无是处，如“不考第一，就不是好学生”。这种片面的自我否定往往导致当事人出现自卑、自责等不良情绪。

糟糕至极是指当事人认为如果一件不好的事情发生了，那就是非常可怕和糟糕的。例如，“没考上大学，一切都完了”“没当上班长，将来就不会有出息了”。这些想法都是非理性的。

本案例中的小璇受到不合理观念影响，产生了心理困惑。心理老师细致的分析与辅导产生了良好效果。

8 “我就是个笨蛋啊！”
——如何帮助学生培养自信心

新学期第一次月考结束后，我在办公室里对学生的考试成绩做分析。这时，门被轻轻推开了，进来的是班主任梁老师和一个女生。

梁老师说：“不好意思，我班上这个女生想找您谈谈，可以吗？”

“可以的，请坐。”我笑着示意眼前这位文静、纤弱的女生坐在沙发上。梁老师退出了办公室。面前的女生低着头，一言不发。

“有什么可以帮你的吗？”我打破沉默，轻轻地走到她身边，语气温和而平静地问，“是不是这次考试考砸了？”

终于，她抬起了头，泪眼婆娑地望着我，情不自禁地抽泣起来。

我递给她几张面巾纸，又给她倒了一杯温开水，充满怜爱地观察她：扎着一个马尾辫，眼睛很大而眼神忧郁，两行热泪挂在脸颊的两侧，宽宽大大的校服更凸显出她瘦弱的身形。

“老师，我这次模拟考试考得又很差，我就是个笨蛋啊！”

“考试成绩差有很多原因，单凭成绩不能说明你是个笨蛋哦！谁说你是笨蛋了？”

“数学课代表发试卷的时候说：‘全班数学成绩平均分是92分，只有一个笨蛋在70分以下，影响了全班的平均分。’我一看我的试卷，69分。我觉得好难过，我怎么这么笨啊！”

原来如此！通过和她交谈，我了解了这个女生的情况。她叫小灵，家住在城乡接合部。家里有80多岁的奶奶，爸爸妈妈都是环卫工人。她还有个弟弟，一家5口人挤在不足40平方米的房子里，经济条件很一般。

弟弟读的是特殊教育学校，因此爸爸妈妈对她寄予厚望，总希望她能好好读书改变她和家人的命运。小灵很争气，从一年级到三年级，成绩都在班级里排前三名。可是不知什么原因，她从四年级时开始出现了倒退，到了五年级，竟然成了班级里的“学困生”。从此以后，她几乎不怎么爱说话了。由于家境清贫，吃穿不如人，成绩又不好，时常感觉抬不起头来，感觉同学都在嘲笑、讥讽她。

听了她的叙述，我能强烈地感受到她内心的痛苦和挣扎。想上进而力不从心，想融入集体又自卑感强烈。我该怎么帮助眼前的这个小女生呢？首先要改变的是她对自己的认知，甩掉“笨蛋”的标签是走向自信的开始。

我一直边递纸巾边耐心地听她讲述。最后，我对情绪渐渐平复的小灵说：“每个人都是不完美的，但是不能因此给自己贴上‘我就是个笨蛋’的标签。‘尺有所短，寸有所长’，我们都不是笨蛋。我倒觉得你是个可爱的小姑娘，懂事乖巧，孝敬父母，尊敬长辈，学习认真。只要你能树立自信心，找到适合自己的学习方法，一定会在学习上取得进步的。”

她的眼睛里露出了惊喜的光芒，弱弱地问：“这是真的吗？我不是笨蛋，我也有优点？”

我认真地点了点头，用十分肯定的口气激励她：“从一年级到三年级，你的学习成绩都很优秀，那时候你不是笨蛋，现在也不是笨蛋啊！”

在结束第一次辅导前，我给她布置了一项家庭作业：写 12 个句子，描述“我是一个怎样的人”，只写优点，不写缺点和不足。

我们约定每周一中午 12 点见面。把她送走后，我就拨通了梁老师的电话，了解到小灵作文写得不错，情感细腻，文笔生动；手工制作很不错，曾经获得学校科技节大赛二等奖；体育成绩也不错，跳高和跑步项目在学校运动会上拿过奖。于是，我脑中针对小灵的帮扶计划变得越来越清晰了。

一周后小灵如约而至。和上次稍有不同的是，她看上去很精神。

“你发现自己的优点了吗？”我亲切地问。

她没有回答我的问题，而是从口袋里拿出了一个精致的笔记本递给了我。我看到扉页上印着“学校科技节手工制作大赛二等奖”的字样。我边翻阅后面的家庭作业，边有意无意地大声赞美道：“你手工制作这么好，真是个心灵手巧的好姑娘。老师好羡慕你！”她的脸上微微泛起了红晕。我数了数她写的优点，竟然有 8 个，虽然离要求的 12 个还有一些距离，但是对她来说，已经很好了。

我微笑着问道：“这些优点都是你自己发现的吗？是真实存在的吗？”小灵自信地点了点头。

我趁机点拨她：“一个有这么多优点的人，还是个笨蛋吗？”小灵微笑着摇了摇头。之后，又弱弱地问：“老师，我的学习成绩还能提高吗？”

“当然可以啊！我们要把你的优点发扬光大，然后迁移到你的学习上。”

“真的？”她睁大了眼睛。

我心里明白，像小灵这样的孩子，要摘掉“笨蛋”的帽子，仅靠一两次心理辅导是绝对解决不了问题的，她最需要树立自信心，消除自卑心理。于是，我采取了认知矫正法，让小灵在发现自己优点的同时，也能明白并找到学习成绩提高不上去的技术层面的原因，比如，学习方法、学习情感和学习习惯等。

我的具体做法大致分为五步。

第一步，引导小灵把比较的对象由他人转向自己。这是重拾信心的关键。小灵目前的自我认知是与同学比较形成的，而且她把由家境清贫导致的自卑感和由学习成绩落后导致的焦虑感杂糅在了一起，客观上家境的不如意强化了她学习上的不自信。我告诉她要学会正确评价自己：“只想着与优秀的人作比较，自己会感到自卑，觉得事事不如人；想着自己的进步和优点，才会感到自信！”

第二步，指导小灵注意改进学习方法。从班主任和任课老师那里，我了解到小灵上课有记笔记的习惯，但常常因为只顾做很详细的记录，无法认真地用心听课。眼到口到手也到，心却没有到。于是我指导她上课时应如何记笔记。

第三步，指导小灵掌握正确的解题方法。小灵学习勤奋，课余时间总是独自钻研数学难题。独立思考是必需的，但是如果缺乏与同伴的交流和切磋，常常会造成思维堵塞，无法快速解题。于是，我有针对性地对她做了难题学习方法的指导，并且鼓励她课余时间多和同学交流学习心得。

第四步，家校携手。我约小灵的父亲来学校，很真诚地和他做了关于小灵家庭教育的沟通。我让家长对孩子保持适度的期望值，不要增加孩子的压力，希望他们用实际行动关心她的生活。

第五步，建议小灵与班主任、其他同学多沟通。通过在心理活动课上做团体心理游戏，我帮助她融入集体，多和同学交往，感受集体的温暖。

经过一段时间的努力，小灵终于从“我就是个笨蛋”的泥沼中走出来了。她说，其实，她和其他同学一样，很出色也很优秀。她的数学成绩稳步上升，作文依然很棒，还参加了一个全国性的作文大赛，捧回了二等奖。当她喜滋滋地跑到我的办公室骄傲地告诉我这些消息时，我感到很欣慰。

聆听手记

很多学生会在心中构想一个“理想的我”，希望自己能尽善尽美，希望自己的学习成绩出类拔萃，希望老师经常表扬自己，希望父母对自己备加赞赏。一旦“现实的我”达不到“理想的我”的要求，就会感到心理紧张，于是有了“我不如别人”的感觉，这样就会产生自卑心理。

老师只有帮助学生客观地认识自我，借助学生自身的优势，帮助学生树立“我不是笨蛋”“我不比别人差”的观念，矫正工作才能进入下一步。如果老师仅仅停留在语言的激励、情感的熏陶上，而没有对学习方法、学习习惯等学习因素进行实质上的帮助的话，很多时候，培养学生的自信心就会成为一句空话。

9 “小·生意人”的学习经

——如何预防不良风气对学生的影响

学校组织了一次“我是小生意人”的跳蚤市场活动。活动一开始，孩子们就迫不及待地把自己带来的物品拿出来摆在桌上。小市场里的物品琳琅满目，有书、玩具、食物、对联……“小生意人”们更是个个摩拳擦掌，八仙过海，各显神通。“快来买呀，快来看呀！清仓大甩卖呀！”“全场五元，买一赠一。”各种叫卖声此起彼伏。我注意到我班的小磊正站在摊位前，撸起袖子，扯着嗓子大声叫卖：“跳楼价啊，跳楼价啊，错过后悔啊！”他的身旁还有一张漫画海报，海报上画了一位想要跳楼的青蛙王子，哭丧着脸，满脸凄凉。

见有同学过来看货，小磊一脸真诚，死缠烂打地要求别人买下他三个玩具。不到 30 分钟，物品顺利卖完，他又出现在班里其他同学的摊位上，帮着同学吆喝。一见我走到他身边，他自豪地对我说：“老师，我是真正的小生意人吧。没办法，谁叫我脑子转得快，天生就是生意人呢！您只要不和我谈学习，我保证听您的话，做个乖学生！”

我的脑海里浮现出清晨在校门口看见的一幕：一辆奔驰轿车 7 点 40 分准时出现在校门口。保姆先下车，背着小磊的书包，然后赶紧跑着去开副驾驶室的门，小磊这才慢腾腾地跨出车门。保姆一边催促一边叮咛：“书包里的牛奶、苹果、牛肉干千万别忘了吃啊！”目送小磊走进学校大门后，才依依不舍地挥手告别。

想起小磊平时在校的表现，真是让人感慨。他常常炫耀家里的山珍海味、高档玩具、进口学习用品，还有脚上穿的名牌运动鞋。平时他不和其他同学来往，说是爸爸妈妈不允许他和务工人员的孩子玩。他总爱挑食，嫌食堂里的饭菜这个不好吃，那个没味道。满满一盘营养午餐，他往往只吃一口就不吃了，常常动作潇洒地将它们扔进垃圾箱。学习上，上课时不是打瞌睡就是发呆、玩笔。课本经常忘带，有一次迫于数学老师的压力，他竟然在作业上也做起了生意：让同学帮他完成作业，每次付 10 元。真是个名副其实的“小生意人”！

小磊除了摆阔、不爱学习外，品行、习惯还算不错，但过重的铜臭味始终飘散在这个 9 岁男生的身上。

我找到小磊，做了一次交流。“小磊，听说你在英语课上打瞌睡，为什么呀？”

“我听不懂，也不想学。反正我爸爸说过，以后会把我送到专门学英语的国际学校，学完了就送我去外国。”

“这里英语听不懂，在国际学校就能听懂了？”

他不好意思地摸了一下脑袋说：“老师，那个时候我长大了，就会爱上学习的。”

“你是说，将来你就会爱上学习？”我略带严肃地看着他说。

“我爸爸说，只要我尽力学，学不好也没关系，只要像他一样会做生意就好。博士毕业的人还不如我爸爸会赚钱，我爸爸才初中毕业呢！”

“可是你尽力学了吗？上课吃东西，打瞌睡，让同学替你完成作业也叫尽力？”

小磊表现出跟他年龄极不相称的世故和狡黠，轻声说：“学好数理化，不如有个好爸爸。”

我沉默了。社会上一些浮躁和急功近利的坏风气已经吹进了校园。

许多孩子认为知识不重要，认为一些大老板虽然没文化，但照样赚大钱。“干得好不如嫁得好”等畸形价值观已经严重影响和污染了一些孩子的心灵。

不管怎么样，我得先找小磊的爸爸谈谈。

首先，我表达了对小磊生意经的欣赏。其次，我坦诚地向小磊爸爸详细描述了小磊在学校的表现，包括我和他交流的内容。

小磊爸爸表情轻松地听完我的叙述，竟然露出了一种精明的笑容。他说："老师啊，我知道你对我家小磊好，很关心他。可是说句实在话，我对孩子学习没多少要求，过得去就可以了。他现在考 80 分也蛮好的。他做生意好像很有天分。我初中毕业就跟随伯伯来上海闯荡，现在我生活得很不错，生意兴隆，想出国就出国，想买啥就买啥。我对生活比较知足，对儿子的学习期望不高，只要他快乐就好。"

我突然明白了，小磊厌学其实是受家庭环境影响的。家长的态度严重影响了孩子的行为。

第一，家长对学习缺乏体验。

小磊爸爸初中毕业后就到上海打拼，虽然文化知识少，学历低，但是能力非常强。奋斗 20 年，他经营的小饭馆变成了大酒店。显然，改变他命运的不是文化知识，给他带来财富的也不是大学文凭。因此，他对儿子的学业期待值较低。

第二，家长对幸福、财富和成功等的认知有偏差。

小磊爸爸认为，人生的幸福，就是锦衣玉食、别墅名车、奢侈品和钱。

第三，家长对学习的理解存在误区。

小磊爸爸把学习好坏单纯地理解为成绩好坏、分数高低，将毅力、恒心、自控力和自信心等非智力因素抛诸脑后，或者根本不知道非智力因素。

找到了小磊家庭教育缺失的成因，我该如何改变小磊爸爸的认知呢？我想，父亲爱儿子是渗入父亲血液里的情感，那么，就从他爱儿子开始吧。我坦诚地和小磊爸爸说了我的思考。

首先，学习不是人生的全部，但是在学习中却可以培养自控力、意志力和恒心等重要品质。

其次，会做生意是一项很好的才能，但是"长江后浪推前浪"，难道不希望小磊将来比自己有更宽广的视野和抱负吗？

再次，现在社会竞争日趋激烈，培养孩子勇于面对挑战的精神，比财富更重要！

最后，小磊是个很可爱的小男孩，我希望他以后发展得更好。现在我们要做的就是携起手来，帮助他端正态度，修正价值观，激发学习动力。

或许是我真诚的态度感染了小磊爸爸，他沉默了好一会儿，站起身来握住我的手说：“谢谢您！您给我上了一堂让我终身受益的课。我一定配合您的工作。”

他说到做到，此后他的轿车再也没有出现在校门口。他家的保姆也不再帮小磊背书包。

在学校里，我抓住一切机会对小磊的学习进步给予表扬，不断地让他体验学习的快乐，让他明白，在学习中体验的幸福是深刻而恒久的。

同时，我精心设计主题班会活动，教育学生认识到赢得别人尊重的不是金钱而是知识和教养。

我和小磊签订了学习合同：上课睡觉一次，少看 30 分钟电视；少做一次作业，不能参加课外打篮球活动。反之，若一周内学习态度端正，则给予两颗红星；一个月内学习态度端正，给予班级“进步之星”的奖状，同时建议小磊爸爸安排好工作，陪伴小磊去游乐园玩。

尽管中间有过几次反复，但是，课堂上小磊高高扬起他的小脑袋已成常态。他听课时眼神专注，作业能按时完成，测验也能认真对待了。

聆听手记

小学生价值观的形成保留了儿童心理的特点：他们希望得到家长和老师的认同和赞赏，总是认为家长和老师认同的就是对的，不认同的就是错的。

面对浮躁和急功近利的环境，面对价值观出现错位的学生家长，面对已经被影响了的孩子，教育者的神圣使命就是：辛勤播撒学习的种子，努力培养人的精神品质。在本案例中，小磊的问题根源在家长和家庭。心理老师努力先改变家长，再影响孩子，收到了较好的教育效果。

10 被管过头的女生
——如何对待学生厌学

这天，我刚走入校园就看见六年级（3）班的班主任姜老师匆匆向我走来：“你认识我们班那个小飒吗？”我努力在脑海里搜索这个名字，一个略微腼腆、寡言少语的女生形象慢慢浮现了出来。

“她怎么了？”看着一脸紧张的姜老师，我问。

“她妈妈刚才给我打电话说她不想上学了，但没说具体原因。”

“这段时间小飒有什么异常表现吗？”

“没有，就是时不时请假。”姜老师仿佛一下子想起什么来说道，“在一次周记中，她好像提到自己永远都无法达到妈妈的要求。”

这时上课预备铃声响起，我拿着教案起身说：“具体情况我们下课再聊。”随后我们各自上课去了。

快下班时，再次遇到姜老师，我说：“我们再谈谈小飒吧。”

“其实她是一个很自律的孩子，学习成绩也不差。”

“她的家庭环境怎样呢？”我问。

“她爸爸是建筑设计院的高级工程师，经常有出差任务，所以基本上是妈妈在负责照顾小飒。”姜老师看着电脑里的台账记录说道。

“她妈妈的情况呢？”我又追问道。

“是一个商场的会计，挺要强的。”

听到这话，我心里朦朦胧胧有了一点儿初步的认识，于是我对姜老师说：“有空，我们去小飒家做个家访吧。”

小飒家离学校不远，15 分钟后我们就来到了她的家门口。随着敲门声，一位穿着朴素的中年妇女来开门，这是小飒的妈妈。她看见我们愣了一下，便赶忙邀请我们到客厅坐下。

姜老师没等坐稳就急着问道："小飒怎么不想上学了？"

我赶紧用眼色制止住姜老师。小飒妈妈对着我们重重叹了口气说道："我也不知道怎么回事。她就说再也不想读书了，再让她读书她就不想活了。"

我问她："小飒在家吗？"

"在。我去叫她。"说着她就去叫小飒了。

"老师好！"一个小女生出来怯生生地说。

"我可以和小飒单独谈谈吗？"我向小飒妈妈问道。

"当然可以。"小飒妈妈说着就拉着姜老师去了另外一个房间，把我和小飒留在客厅。

"可以和老师说说心里话吗？最近是不是不太开心？"我拉她在我身边坐下说道。

"我永远达不到妈妈的要求！"她委屈地说，眼泪一下子涌了出来。

"妈妈都有什么样的要求？"我侧过身问。

"考试成绩必须在前三名，钢琴最低要考到八级，奥数要入围。"她说着说着抹了下眼泪。

我一边拿出纸巾给她擦泪一边笑着说："这是对外星人的要求啊！你听到这些要求，内心有什么感受呢？"

她撇撇嘴说："我感觉很累。本来我挺喜欢弹钢琴，也喜欢数学，但是为了达到妈妈的要求，我必须花很大的力气和时间学习这些，我对这些就再也提不起兴趣了！"

我关切地问："那你现在有自由玩耍的时间吗？"

她摇摇头："我的时间都被妈妈安排满了，有时候我想出去散散步，爬爬山，妈妈就会觉得我浪费了她给我报兴趣班的钱，不好好学习。还经常把我跟邻居大哥哥作比较，说我做什么都比不上他们！"

看着小飒的眼泪不停地流下，我安静地与她坐在一起。等她渐渐平复下来，我问：“那你觉得妈妈为什么会有这样的要求呢？”

她想了想，说：“妈妈经常说，她小时候没有条件，不能想学什么就学什么，所以现在我喜欢什么她就花钱让我学。妈妈是很要强的人。她学历不高，吃过很多苦，工作很努力，做事总要做出成绩来。她可能不想让我跟她以前一样吧，而且我们家周围的哥哥姐姐学习都很好，她不希望我比别人差。”

看着她懂事又悲伤的眼神，我拉起她的手说：“我们一起找妈妈好好谈谈，好吗？”说着我们一起走出房门。

见小飒妈妈正局促地等待着，我笑着说：“你对小飒的要求真高啊！”

“也不算很高啦！老师，您看我们这个家属院里的孩子，哪个不是北大、清华的，最不济也是其他‘双一流’大学毕业的。我们小飒打小就聪明，总不至于比他们差吧。”

我望着小飒那压抑着仿佛喘不过气的表情，明白了，从她的家庭环境来看，她的厌学行为与父母的以下几种教育方式密不可分。

第一，对孩子的期望值过高。

父母都希望孩子能成才，但这种美好的期望可能会变味，孩子的表现是否良好似乎成为父母教育是否成功的衡量标准。很多父母对孩子的分数尤为看重。小飒的母亲是孩子的主要教育者，她为此投入了大量时间和精力，可能把教好孩子当成一项重要的事业，不断追求更好的结果。小飒从小成绩很好，俗称“别人家的孩子”。父母觉得自己的努力有回报，脸面有光，便不断设定更高的目标。这让孩子觉得无论自己怎么努力，永远也不能达到父母的要求，面对学习只想要逃离。

第二，对孩子管教太严。

受“严师出高徒”教育思想的影响，家长普遍认为对待孩子必须严加管教，否则孩子就不会成才，不允许孩子违反自己的严格标准。小飒的妈妈个性要强，希望培养极其优秀的孩子，所以对孩子的高要求涉及多方面。强压之下的小飒确实表现很好，被老师和其他家长认可，妈妈也非常有成就感，会将自己的教育方式继续下去。这种教育缓解了父母自身的焦虑，却把焦虑转嫁给了孩子。孩子在学习中缺乏探索的快乐和自主性，认为学习只是为了不受父母的惩罚。

第三，习惯打击式教育。

当孩子通过努力取得好成绩时，有些父母会因为怕孩子骄傲而吝啬自己的夸奖，用“这是你走运”“小聪明”等话否定孩子的努力。在父母的打击中，孩子的努力未被看见，无法从学习中获得成就感，学习热情也随之流失。

这让我想到了电视剧《小欢喜》中的英子。英子是一名尖子生，但在妈妈的步步紧逼下，最后选择逃学离家出走。在剧中，得了第二名的英子很开心地跟妈妈分享，但妈妈却总是一副“又不是考第一，有什么可嘚瑟的”的不屑态度，这让英子很沮丧。此后英子的厌学情绪越来越明显，成绩也下降了不少。

为了让小飒重拾对学习的热情，尽早回归校园，我向她妈妈提出了几条建议。

第一，对孩子的努力给予肯定。

当父母的关注点从孩子的成绩转移到学习的努力程度后，孩子获得父母的认可，积极行为会得到强化，会更投入地学习。看到孩子的投入，最终取得好成绩时，家长要不吝啬自己的夸奖：“看到你付出后的收获，我真为你自豪！”即使孩子暂时没有取得明显的进步，也要及时对孩子说：“看到你的努力我感到非常欣慰。我们一起坚持下去，一定能变得更好。”

第二，发现孩子的优点。

懂得赞美孩子的父母更能看到孩子的潜力。应多看孩子的优点，鼓励和信任孩子会做好，要告诉他只要努力就一定会有属于自己的收获。当孩子能够感受到父母对自己的信心时，他们对今后的成长会更有动力和勇气，即使遇到打击也能充满希望地坚持下去。

第三，给孩子探索学习方法的机会。

应与孩子讨论努力学习对自己人生的作用，让孩子知道前途和生活是属于自己的。应通过孩子对未来的期待，鼓励他探索学习方法，不该用家长的思想去束缚他。很多家长为了让孩子少走弯路，会给孩子指定路线，把自己的理想和意志强加给孩子，但这并不是适合孩子的。只有让孩子按照自己的意愿去奋斗，才能最大限度地发挥他们的潜能。即便孩子起初的尝试不成功，家长也不要马上插手，可以与孩子讨论不足，让孩子自己修正。在一次次的修正中，孩子的能力才能逐渐发展起来。

聆听手记

我们都想让自己的孩子长成参天大树，但不可能一直搀扶他成长。家长过多的干涉可能并不会让孩子如预想一样变得更加积极，反而会出现内驱力减弱甚至消失的反应，孩子可能会变得更加缺乏自主性，这在心理学上被称为德西效应。当孩子的主动性受到抑制后，他们会变得更加逆反，对学习产生厌烦，过重的心理负担让他们只想躲避和逃离。其实，面对树苗一般的孩子，我们只需在枝杈太多的时候修剪一下，在主干弯曲的时候扶正一把，给他足够的自由才会使他更快成长。只有家长放手，孩子才能真正长大。

11 “混世魔王”的转变
——如何引导上课故意捣乱的学生

这天早上我刚走进学校，就遇到了教务主任。他提醒我，有个叫小石的学生，要注意一点儿。

“他怎么弄得您这个教务主任都如临大敌似的？”我调侃地问。

“他上课时老是捣乱，气走了不少老师。实在不行你就把他赶出教室，送到我这里来。”教务主任说完摇了摇头，转身走了。

我对他的提醒不以为意，心想：“教书这么多年了，什么样的刺儿头没碰到过，该不会是教务主任有点儿神经过敏了吧！”

第二节课的预备铃响过后，我带着教案朝教室走去，在楼梯口遇到了数学组的邢老师，她铁青着脸从楼梯上走下来。

“邢老师，发生了什么事啊，脸色这么难看？”我问。

“这课没法儿上了！”看样子她确实气得不轻。

“是不是那个叫小石的学生？”我想起了教务主任的提醒。

“他在教室里就没法上课。”她就像发现什么秘密似的睁大了眼睛，“对了，你是不是也要去上课？你要小心哦！”说完，她气呼呼地下楼了。

马上就要上课了，所以我没多说直接上楼朝教室走去，心里倒是嘀咕了一下：“难道小石真是一个‘混世魔王’？看样子还真不能掉以轻心。”

到了教室，我想先认识一下谁是小石，但又觉得不好直接问，就借相互认识的理由按花名册点了名。点到他的时候，我特意打量了他。一个长得虎头虎脑的男生，坐在最后一排靠墙角的位置，我暗暗记下了这个位置。

点完名后，开始上课。我刚让学生翻开课本，就听见乒乓球掉到地上的声音。我转身一看，应该是从小石的座位上掉出来的。在全班学生的注视下，我来到后排捡起乒乓球，笑着交到小石手里，拍了拍他的肩膀说：“下了课，老师和你一起玩。”没过几分钟，我刚转身写板书的时候又响起了歌声。我回身一看，又是这个小石。全班同学先顺着我的目光看了他一眼，又回头看我如何处理这个局面。

我做了个深呼吸，不但没有发火，反而轻松地笑了一下：“没想到小石的歌唱得不错，大家掌声鼓励一下！”

全班同学愣了一下，过了几秒钟，才响起一阵不算热烈的掌声。

他似乎没想到我会来这一手，顿时没了声音。

于是我决定再将他一军：“要不同学们欢迎小石再来一首？”这次的掌声热烈了很多，倒是他有点儿不知所措了，张了张嘴没有唱出来。我趁机说道：“既然小石现在不想唱了，那我们就继续上课吧。”

这个插曲过后，课堂秩序好了很多，半节课的光景都没再出什么状况。当我再次在黑板上抄例题的时候，课堂里响起了一阵笑声。我回头一看，小石正穿着一件雨衣在后面蹦。我放下教材和粉笔，走下讲台说：“看来小石不但会唱歌，还会跳大神啊！”

我的话引起了学生的一片笑声，小石在笑声中跳得更起劲儿了。我走到他的身边，笑着问道：“你跳的大神灵不灵啊？”

“灵。”他一边跳一边回答。

“那你到讲台上跳吧，祈祷个个都得 100 分。”我做了个邀请的手势。

“好！”有几个同学喊了一声，随即又是一片掌声。

小石得到了鼓励，正准备往讲台走去。我马上补充了一句：“不过丑话说在前头，如果有一个学生没有得 100 分，该怎么办？”

听到我说这句话，他的脚步停住了。倒是班里的同学抢先说道：“那我们就再也不相信他了。”

就这样，我和全班同学都看着他。他想了一下，脱下雨衣回到了自己的位置坐了下来。

教室里又恢复了安静，我继续上课。下课铃响过后，我走到他身边告诉他，我是学校的心理老师，如果有需要，他可以来心理辅导室坐坐。他是个爽快人，表示现在就愿意去。

进入心理辅导室后，我问他："小石，你觉得这样做是不是很过瘾？"

"是的。"也许是我的课堂处理方式让他感到我与其他老师不一样，所以看起来对我并不反感。

"你不怕影响自己学习吗？"我尽量以平和的语气说。

"有什么好怕的，反正成绩已经不好了。"他一副无所谓的样子。

"那你为什么要这样做呢？"我有些不解。

"班主任看不惯我呗，她越看不惯我就越这样做。"他有些得意。

"班主任怎么看不惯你了？"我追问。

"给我安排在最靠角落的位置，班里的活动也不让我参加。每次我问她问题，她都叫我自己看书去，好像我在班里不存在似的。"

我注意到他说这些话的时候有些伤感。"所以你就破罐子破摔了？"我适度地点拨了他一下。

接着，我帮助他寻找课堂表现中的例外情况，引导他将焦点聚集在他能够遵守纪律的表现上。经过交谈，他总结了以下例外情况：上计算机课和体育课不会被赶出来，因为自己喜欢；校长来代课时，也不会被赶出教室，因为怕被处分；老师讲课生动、有趣的时候，会认真听；受到老师表扬后，也会听话些。

我充分肯定了他那么多的例外，鼓励他努力把例外变成常态。我们商量着首先要改变他注意力不集中的问题，因为注意力不集中会导致学习出现障碍。我找到小石的班主任商量一起帮助他养成认真听讲的习惯，当他认真听讲时，立即给予正向强化。例如，当着全班同学的面表扬他，并且奖励他一颗"小星星"。

由于对他及时进行奖励，他感到了愉快和满足，每次上课他都会有所期待，尽量克制自己，希望得到我的表扬。偶尔有分心的时候，但只要看到我在注视他，他马上会有所收敛。上课时，我还有意识地多让他发言，尤其是当他的答案有新意或声音响亮的时候，更不失时机地进行表扬，让他尝到成功的快乐。当他上课表现不佳时，我也宽容地予以指出，让他明白自己存在的不足，同时能保持改进的信心。

我与他约定每周做一次个别谈话，进行追踪心理辅导。我经常采用“你能行”“你是个好孩子”的心理暗示评价方法，让他在潜移默化中形成“我很棒”的自我意识，以激发他的学习潜能，激励他尊重老师、同学，专心读书，协助他养成良好的习惯。

为了巩固心理辅导的效果，我还与他的家长取得了联系，要求家长监督小石在家学习时的表现，经常查看作业。家长应每天抽出至少半个小时陪伴小石，了解当天老师讲课的内容、学校里发生的事、老师布置了什么作业等。家长可以坐在孩子一旁看看报刊，形成浓厚的家庭学习氛围，帮助他养成自觉学习的态度，提高家庭教育的质量。

经过一段时间的共同努力，小石的进步是有目共睹的，基本上能遵守课堂纪律了，老师上课再也不用为他烦恼了。平时在和同学的交往中，他能主动退让，比较在乎同学和老师对他的评价。家长反映他在家能做一些简单的家务活，暴躁的脾气也有所收敛。小石已经从一个经常被赶出课堂、令人讨厌的孩子，变成班级中正常的一员了。

聆听手记

一个五年级的孩子，不能被他生活的群体接纳，不能正常地与同学交往，他内心事实上充满了自卑、焦虑与无助。他努力地“卖弄”无非是希望获得别人的关注。学生不良行为的背后都有他的心理需求，教师要读懂不良行为背后的心理需求，敞开心扉接纳这种行为，并创设一个接纳他的环境，如本案例中，我找班主任一起帮助小石。当他有出格行为时应冷处理，并恰当地引导他用正确的方法赢得关注；在他有所改变、出现进步行为时应给予积极的鼓励，要创造机会，帮助他成长。

12 被老师赶出课堂的学生
——如何引导以自我为中心的学生

一天，在上午第二节课接近尾声时，我刚走到楼道转角处，就传来一阵“我不要去”“你必须去”的争执声。我赶紧走过去，只见大个子男生康康一只手死命拉着门框，另一只手被年轻的、和康康差不多高的徐老师拽住。徐老师脸色铁青，嗓门很高：“你必须去，必须去。”康康嘶吼：“我不去，我就不去。”我赶紧拉开他们，严肃地命令康康去办公室等我。

教室很快安静了下来。我让徐老师回班继续上课，然后我带着康康来到我的办公室。

康康边抹眼泪边嘀咕：“我就是不去班主任那儿。”

我拉过来一把椅子让康康坐下，给他倒了一杯热水，悄悄地播放了一首钢琴曲。我微笑着注视他，轻声地对他说：“先不要急，喝口水，听一会儿音乐。老师先去卫生间，马上回来。”说完我朝办公室里的陈老师使了个“帮我看着点儿”的眼色后离开了。

下课铃声响起，我找来班长了解事情经过。原来，康康从上课开始一直没有安静过。他先是把空可乐瓶压出响声，之后一会儿挠前排同学的背，一会儿转身抢后排同学的笔。全班同学做课堂作业的时候，他故意把同桌的本子碰到地上，等同桌弯腰去捡本子的时候，又一把按住同桌的头，疼得同桌哇哇大叫。徐老师提醒了他几次，他仍旧我行我素。徐老师一气之下把他叫到教室外面让他“冷静冷静”。可是他还时不时地把头探进教室扮鬼脸，弄得全班同学都不能认真听课。无奈之下，徐老师想把他叫到班主任那儿去，可是他说：“你刚大学毕业，就比我高那么一点儿，凭什么我要听你的话去班主任办公室！我就是不去怎么着？”血气方刚的徐老师哪里受得了他的挑衅，快步走到他身边一把拉起他，想把他往教室走廊东边的班主任办公室方向拉。他死死抓着门框不动。就这样，他们俩僵持的时候，刚好被我撞见了。弄清了事情的大致原委后，我立即快步走向办公室。

康康不再喘粗气，但脸上仍有怒气。我必须先处理好康康的情绪，然后才能平息这次冲突。我关掉音乐，和蔼地问康康：“发生了什么事情，让你这么拼命抓着门框不放？”

我的声音刚落，他的泪水夺眶而出，哽咽着说：“我就是不喜欢徐老师，他动不动就去班主任那儿告我的状。上次上数学课，明明不是我把桌子拉得很响的，徐老师却严厉地批评我。他从来不表扬我，上次我考了个班级第二，徐老师还阴阳怪气地说他怀疑有些同学作弊。他讲课一点儿也不生动，整天板着个脸，还经常说，‘我是老师，你们是学生，你们就得什么都听我的’。”

连发炮弹似的说了这些后，康康的大部分情绪得到了宣泄，但对徐老师的怨恨仍然积压在心。这个年龄段的很多学生凡事以自我为中心，不能体谅或者宽容别人，存在人际交往方面的困难，而自己却不知道原因。

我想到了角色扮演的方法，于是对康康说：“咱们做个游戏怎么样？”他将信将疑地抬起了头。

我说：“我扮演徐老师，你扮演自己，我们重演一遍刚才发生的事怎么样？”

“演就演，反正我没有错。”

我因为事先做过调查，所以扮演起徐老师来，连台词也几乎一模一样。我想通过这样的方式，让康康和徐老师展开对话，让康康学会站在别人的角度考虑问题，理解他人。康康一直沉浸在他自己内心的世界中，直到看到我愤怒的模样才露出些许惊讶的神情。很快，我们完成了表演。接着，我和康康一起还原了徐老师的内心独白。我让康康一句一句地记录下来，仔细体会这种情绪。

①我是一名教师，纵容学生的坏习惯就是对他最大的不负责任，所以我必须对他进行批评教育，哪怕他会反抗。

②一个六年级的孩子怎么可以这么肆无忌惮地在课堂上公然对抗老师呢？我一定得帮助他，纠正这个错误行为。

③我就不相信我拉不动你，今天我非要把你拉到班主任那里当面说清楚不可。为什么你总爱在我的课堂上找碴儿？

④我好伤心，老师当得好失败，我要不要继续当老师呢？

接下来，我和康康互换角色。康康拿着刚记下来的台词努力模仿徐老师的口吻进行演绎。刚开始他觉得有趣，但随着剧情的推进，很快进入角色。康康把徐老师的内心活动演活了。确切地说，康康演出了徐老师的焦虑、愤怒、无奈和不达到教育目的誓不罢休的心理活动。

戏演完了，康康露出了自责的表情。他一脸真诚地对我说："老师，我做得不对。我这就向徐老师道歉去！"望着康康的背影，我轻松地笑了。

第二天，我在徐老师办公室和他进行了交流，希望他能注意表达师爱的方式，多赞美，多鼓励，冷静处理学生的对抗，巧用课堂管理策略，课后多找学生谈心。我建议他反思一下康康对抗行为产生的心理成因，这其实是长期积累的偏见造成的条件反射性对抗。我还建议他买几本儿童心理学方面的书阅读，并且不断将其应用在日常的教育教学中。当然，还有很重要的一条是，要精心备课，上好课，老师赢得学生尊重的最大法宝是课堂教学能力。

康康的对抗行为不是一朝一夕形成的，因此，要改掉这个坏习惯也绝非一次角色扮演就能实现，在特定情境下他的对抗行为或许还会反复，所以，我和他私下签订了"绅士协议"：当产生冲动、对抗想法的时候，先从一数到三，然后用橡皮筋弹自己，提醒自己冷静下来。这种治疗厌恶行为的方法对正处在小学阶段的他非常有效。

三个月后的一天下午，我看到捧着书本的康康和拿着教材的徐老师并肩走在校园的跑道上，一会儿窃窃私语，一会儿竟然嬉笑着追逐起来……

聆听手记

学生问题行为的背后，一定有其深刻的心理动机。小学生的自控力差，往往以自我为中心，缺乏规则意识，稍不注意，课堂上就会上演违规、违纪事件。对儿童而言，很好的教育活动是游戏。角色扮演游戏比木偶戏或其他剧种更能表现现实主题，是小学生以及幼儿最重要的游戏之一。这种游戏可以帮助他们熟悉社会角色，学会如何处理争执和表达某些感觉，如愤怒、攻击、委屈等。通过角色扮演，老师可以帮助学生从以自我为中心的思维方式转变为将心比心的思维方式。

第 2 辑

帮助学生抛开成长的烦恼

成长之路是漫长而曲折的，我们会遇上烦恼，遇上忧伤。本辑案例呈现了小学生在成长过程中的种种烦恼。心理老师通过陪伴和引领，鼓励学生微笑面对烦恼，品尝幸福快乐。在这样一轮轮的蜕变中，学生逐渐变得越来越强大。

1 心虽想事却不成
——如何培养学生的自律性

这天，随着一阵铃声响起，我拿起电话，看了看来电显示，是班上学生家长的电话。

“老师你好！我是平儿的妈妈。”

“你好！有什么事吗？”

“因为疫情大家居家，我发现了平儿有一个很大的缺点。”

“什么缺点啊？”我的语气尽量显得轻松。

“说话不算数，做事还磨蹭。”说这话的时候，气呼呼的。

“怎么个说话不算数？”我被她说得有点儿摸不着头脑，想了想说道，“有具体的事例吗？”

“比如，他承诺今天应该完成的作业，往往拖到明后天还没有完成。”她斟酌了一下说。

“还有其他表现吗？”我试探着问。

“前几天，他向我保证把自己的房间整理好，可是已经过去好几天了，他还是没动。”语气中充满了抱怨。

我对着电话说：“孩子在你身边吗？如果在的话，就让他接电话，可以吗？”

几分钟后，电话那头传来一个小男生的声音：“老师好！”

“听你妈妈说，你做事有些拖沓，是这样子吗？”我用一种开玩笑式的语气问道。

“嗯，有点儿。”平儿有些不好意思地回答。

“是不喜欢做吗？”

“不是，其实我也不知道为什么。往往是头一天计划得好好的，可是到时间了我就觉得过几天再做好了。可是过了几天我又不想做了。”

“现在是疫情期间，我们没办法当面交流，哪天抽个时间，叫上你妈妈，我们做一个视频交流，好吗？”

小学生本身处在心智发展的初级阶段，所以很多小学生在成长过程中表现出强烈的心智与情感的不协调现象。对他们而言，对新鲜事物的探索、新知识的学习、新事物的关注，多源于自身的兴趣，对不感兴趣的事物或道理，难以接受，甚至极度排斥。

在了解了大致情况后，我与平儿一起按照“目标—现状—方案—行动”的顺序制订了计划，步步分解各项任务，最终提升自律能力。

第一步，目标：想要达到或实现的目的或愿景。

长期目标：成为一个自律的人。

短期目标：养成每天读书的好习惯。

第二步，现状：所面对的情况。

这样能帮助平儿澄清当前的状况，从所做的努力和得到的结果中，识别出面临的阻碍，并重新评估他的目标是否现实。根据现实状况，而非个人的主观印象来看待问题。

平儿觉得现状就是自己说话不算数，很想去看书、写作业，但就是做不到。自己总给自己找理由，上午可以完成的要拖到下午，下午又拖到晚上。整天在家待着，既觉得挺无聊的，又不愿意去听老师的网课，完成作业。心情比较低落，听父母唠叨，更心烦。

第三步，方案：选择方案。

我跟平儿通过头脑风暴讨论各种方案；然后进行细致思考，评估这些方案的利弊，判断哪些方案具备操作性和可行性，提出备选的方案；最终确定解决方案。

我和平儿尝试使用“如果”类句子，让他跳出现有条件来思考。

我让平儿问自己：“为了确保行动计划得以顺利实施，需要先解决哪些障碍？”

他认为首先需要有固定的作息时间，在家有一个类似学校的生活作息安排。其次，他需要老师或者同学提醒他，而不是妈妈来唠叨他。

我帮他补充：“你还需要自觉与坚定的信念，在居家学习期间，应努力成为一个高度自律的人。”

他连声说道：“是的，是的。”

第四步，行动：想采取的行动。

这就需要判断哪些方案是最佳行动方案，并推进以实现目标。

我要求平儿列出他的居家学习计划、每周计划和每日计划。

平儿终于下决心加入班主任发起的 QQ 会议早读群；把每天上传网课作业的时间提前到晚饭前，要求自己做完了作业才能吃晚餐；同意妈妈每天把他写的网课作业发到朋友圈，接受大家监督……

为了帮助他有条理地完成每天的目标，我用“艾维利法则”来指导他。艾维利法则要求实践者每天用纸和笔记录当天需要完成的最重要的六件事，按照时间顺序完成，完成前面的事情后，才可以继续做后面的事情。就是做一件，划掉一件，就是这么简单。不一定每天都列举 6 件，我们一般会列举两三件，但对列出的事，就按照顺序做，这是最关键的。然后，生活就变得有条理了。

通常，平儿每天需要完成的最重要的 6 件事情是：早读、上网课、写作业、练字、跳绳打卡、帮父母做一件家务并上传“班级小管家”。

接着，我对平儿妈妈进行了指导，提醒她帮助平儿做时间管理。孩子想看电视、上网玩游戏时，家长要先和孩子约定玩的时间，在规定时间内让孩子可以尽情地玩，约定时间一到，孩子必须立刻停止。如果孩子不能马上停止，就需要对孩子适当“惩罚”，可以减少玩的次数，或减少下次玩的时间，让孩子为自己的违约行为付出代价。当孩子完成了当天要做的事情后，妈妈要及时给孩子点赞，在表格里贴上一颗小星星。如果未做到则不贴小星星，让孩子一目了然地看到自己是否做到。

一个月后的一天下午，我接到了平儿妈妈的电话。她表示，经过心理辅导后，孩子的表现好了很多。

聆听手记

培养良好的自律意识，对小学生今后的成长、正确行为习惯的养成都具有重要意义。小学生自律能力的培养是一个长期过程，需要循序渐进。本案例中的方法，目的是通过心理老师或父母帮助学生负责任地找到答案并确定行动方案。它可以运用于增强学生自律能力的辅导，可以引导学生通过自律的行动创造井然的秩序，为学习生活争取更多自由。这样做可以让学生正确地审视自己，不断调节与控制自身的行为。如此学生通过提升自律能力，才能为后续的全面发展做好准备。

2 沉默的羔羊
——如何帮助学生摆脱被误解的烦恼

一天中午在食堂吃饭时，我看到值日的周老师表情严肃地和一个女孩在说着什么。那个女孩并没有看周老师，而是面无表情地看着窗外。女孩眼里的那份委屈触动了我的神经。

于是我端着饭菜走到她们跟前问：“周老师，怎么了？”

周老师说：“你看现在的学生，一点儿都不爱惜粮食，就这么倒在地上。”

我看了看女孩手里的碗是空的，于是我问道：“这是你倒的吗？”

女孩没有吭声。

周老师说：“不是她能是谁？就她站在边上。”

我示意周老师消消气，柔声地问女孩：“你叫什么？”

“她叫小萌。”周老师回答。

我拍了拍女孩的肩说：“你先回班里吧。”

她抬头看了我一眼，眼神里充满了哀怨，转身走了。

我吃完饭回到办公室，脑海中全是小萌那充满哀怨的眼神。上课铃响时我去了小萌的班级。上课的王老师正在黑板上书写例题。小萌后面的男生不停地拉扯她的辫子。她没有理睬男生，只是把辫子捋到前面，但是男生反而下手更重了。她终于忍不住了，把手中的笔朝身后的男生扔了过去。就在这时，王老师转过身来。

“小萌，你干什么？”王老师厉声责问。

小萌身子一震，但是没有说话。

"一个女同学上课不认真听讲，招惹男同学干什么？"王老师严肃批评了小萌，但小萌没有说一句话。我悄悄地退回了办公室。

下午放学铃一响，我就赶紧跑到小萌所在的教室，看见小萌正在整理书包准备回家。我走到她跟前，对她说："跟我到办公室去，怎么样？"

她看了我一眼，点了点头，拿起书包跟我走出了教室。

来到办公室后我让她坐下，动手削了个苹果给她。她接了过去，没有吃，只是拿在手里拨弄。任凭我说什么，她都是沉默应对。而我作为心理老师，自然也想了解她沉默背后消极抵抗的含义。为了扭转局面，我向她讲述了自己小时候被人冤枉的经历。

"记得有天放学回家，爸爸妈妈还没下班，家里就我一个人，我就开始做作业。妈妈下班回到家，刚一进厨房就大声喊我。我不知道发生了什么事，赶紧跑到厨房。妈妈指着一只空碗，问是不是我偷吃了芝麻酱。我压根就没进过厨房，也不知道厨房里有芝麻酱。于是我不承认，可是我妈不相信，还说就是偷吃了也不要紧，但要勇于承认。确实不是我吃的，要我怎么承认？当时我一赌气转身回到了自己的房间，关上门大哭了一场。

"这件事过去了很久，有一次家里的鱼不见了，幸好我妈当时在家，看见邻居家的猫从我们家的阳台溜了出去。这时她恍然大悟，原来我们家的小偷是一只猫，也才知道那次芝麻酱的事情是她冤枉了我。"

我抚摸着小萌的头，轻轻地说："小萌，在王老师课上发生的事情我都看到了，不是你的错，王老师冤枉你了。"

她委屈地哭了起来，我赶紧拿出纸巾给她擦眼泪。

"中午食堂里的饭菜也不是你倒的，是周老师冤枉你了，对吗？"我的声音中充满了慈爱，她一边抽泣一边点了点头。

"你为什么不和老师们解释清楚呢？"我问道。

"他们不会相信我的。"她抹着眼泪回答我。

"你说的'他们'都有谁啊？"我又拿了一张新的纸巾递给她。

"有老师，还有爸爸妈妈。"她低着头轻轻地说。

"爸爸妈妈也冤枉你？"

"是的。每当发生一些不好的事，他们总不问清楚就批评我。"

接着，我与小萌讨论了如何正确看待被老师及家长冤枉的事："第一，老师和家长工作强度大，压力大，有情绪很正常。他们因为情绪问题可能会委屈孩子。第二，是人就会犯错误。老师在处理学生问题的时候，由于判断失误可能就会委屈你。我们希望老师能十全十美，从来不犯错误，但这样的要求是不是太高了呢？王老师固然判断有误，但是，你也的确违反课堂纪律了。遇到这类事情，我们千万不要纠结于'老师为什么会冤枉我'，一定要思考怎样主动解决这个问题，而不要对老师产生不满和怨恨的情绪。"

我们又进一步探讨有哪些更好的办法来面对被冤枉这种事。我觉得这一步的指导是非常有必要的。

在我的引导下，小萌选择了主动与王老师沟通。我们讨论了沟通的五个步骤。

第一步，道歉。例如，"王老师，对不起，让您生气了。您工作这么辛苦，我还给您添麻烦。这件事情我有不对的地方，我不该上课时扔笔"。所谓一个巴掌拍不响，遇到任何事情先找自己的不足，诚恳道歉，才能与对方进一步沟通。

第二步，向老师描述事情经过。例如，"今天的事情，情况是这样的……"，把事情的时间、地点、人物及过程描述一遍，让老师了解客观事实。

第三步，描述自己的感受。例如，"当时我的心情是……"，让老师知道你的真实心态。

第四步，理解老师。例如，"老师，您可能比较忙，没来得及了解事情的真相就批评了我，我也常常在没了解事实真相的时候责怪过别人……"

第五步，反思总结。例如，"如果下一次再遇到这样的问题，我就会……不让老师误解我"。

我相信，老师看到一个孩子这样真诚地与自己沟通时，一般情况下都会理解孩子，反省自己的行为。当一个孩子学会如何处理老师冤枉自己的事情时，他就能更好地适应社会。

聆听手记

现在的很多学生是独生子女，常常以自我为中心，一遇到挫折，就容易被委屈、抱怨、不快等消极情绪击倒。许多孩子不愿与家长、老师正面交流。孩子们往往压抑这些委屈。随着负面事件的累积，消极情绪也逐渐积淀起来，甚至导致人体功能失调，引发心理障碍。通过学校的心理辅导，老师应帮助学生把内心深处的委屈、困惑、焦虑、愤懑、悲伤等情绪宣泄出来，适时、适度地帮他们进行有效疏导，帮助他们学会合理调节自己的情绪，提高自身的心理成熟度，走出心灵的沼泽。

3 都是吹牛惹的祸
——如何帮助爱吹牛的学生

虽然刚过完端午节，但午后的太阳已经有些火辣了。参加完教研活动，我顶着一头热汗走进办公室，发现挤了满满一屋子人，貌似有老师、学生，也有家长，每个人都在说话，叽叽喳喳也听不清楚。我不禁皱了皱眉，想另外找个地方躲会儿，不料被班主任潘老师看见了："别急着走，有件事正要找您咨询。"

随着潘老师的这声喊，办公室倒是安静下来了，一屋子的人把目光齐刷刷地都投向了我。这使得我有些尴尬，留也不是走也不是。

"有什么事吗？"我挤过人群走到自己的办公桌前向潘老师问道。

"其他班的学生反映我们班的小明偷了他们的东西。"潘老师走到我身边小声地说。

"偷了什么东西？贵重吗？"一听到"偷"字，我本能地问。

"倒不算什么贵重东西，无非是些自动卷笔刀、变色水笔这些东西。不过，这个带游戏功能的计算器有些特别。"说最后一句时潘老师是附在我耳边说的。

"有什么特别？"我诧异地看着潘老师问道。

"这个计算器我在林老师那里看见过，好像是他的爱人从国外带回来的。"潘老师为难地说。

"这些学生是你们班的？"我指了指围在门口的一群学生问。

"是的。"潘老师抬头看了看回答道。

我起身走到学生跟前问道："小明和你们说过这些东西是怎么来的

吗？”话音还没落。一个学生就抢着说道：“他说是家长买的。”另一个学生说道：“那个可以玩游戏的计算器，他说是林老师奖励给他的。”看着这群七嘴八舌的小家伙，我只得无奈地苦笑着把他们赶回了教室。

正在此时，一个惊讶的声音说道：“我的计算器怎么在这里？”我寻声望去，正是林老师拿着计算器在问潘老师。

一看到这些我就明白了。我对着小明招招手，让他走到我面前问道：“你不是说这是林老师奖励给你的吗？”

小明见无法抵赖了，只得小声说道：“是我趁老师们去上课的时候拿的。”

“那些自动卷笔刀、变色水笔呢？”我严肃地问道。

“也是趁别的班上体育课的时候进去拿的。”他的声音几乎听不见了。

“你为什么会选择这些东西呢？你很喜欢这些东西吗？”我严肃地问道。

“也不全是。”他蜷缩着身子说，“主要是这些新鲜玩具一出现，我就会对同学们说‘这些不稀奇，我也有’。可是我说的次数多了，又拿不出真东西，同学们就嘲笑我吹牛。为了证明我有这些东西，只好偷偷去拿别人的了。”

“你不知道这么做是错误的吗？”我严肃地问。

“知道。但是这么拿过几次后，我就真的以为自己本来就有这些东西了。”小明讷讷地说。

“你为什么要向同学们炫耀你有这些新奇玩具呢？”我语调放缓了些问道。

“想让同学们看得起我。每次我有了新鲜、好玩的东西，同学们都喜欢和我一起玩，特别是我说这些东西是家长从国外带回来的时候。”他说，“那个时候，同学们都很羡慕我。我喜欢那种感觉。”

听到这话，我才开始仔细打量这个普通的小男生。

吹牛是很多孩子的行为，他们享受吹牛时口若悬河般的自豪感、同学们羡慕的眼神和崇拜的表情。一旦孩子习惯了吹牛，习惯了夸夸其谈，习惯了说大话，这就演变为一种不好的习惯。孩子为什么会有吹牛行为？其实，吹牛是一种心理需求。通常，补偿自我的需要和缓解焦虑的需要是学生吹牛的两种常见心理原因。有些学生喜欢夸大自己父母的能力和身份，这时吹牛既是为了弥补落差，在心理上达到理想自我的境界，也是为了显示自我，获得别人的关注。小明就是如此。他的父亲是一般的管理人员，母亲是一家小型私企的会计。在班里他成绩中等，也没有特别引人注目的特长，平时，得到老师表扬和关注的机会不多。而偏偏他又是个自尊心和好胜心强的人。为了展示自己的“优秀”和“强大”，他在同学中间往往以炫耀和吹嘘的方式使自己表面占上风，以获得心理平衡。

在与小明的交谈中，我发现他富于幻想，但由于年龄小，生活经验少，认知能力不强，经常将现实、想象和愿望混淆起来。在我们的交谈中他不时地蹦出一些大话。比如，想象自己在海洋馆里穿上潜水员的衣服，和大鲨鱼比赛游泳。这与孩子的年龄、心理特点有一定关系。无论何种原因的吹牛，大多容易影响心理健康及人际关系。一方面，吹牛让真实的自我越来越小，虚假的自我越来越大，从而极少解决现实问题，因此难以成功；另一方面，吹牛或许可以获得他人暂时的虚假尊重，但一旦牛皮被戳破，对方就会认为被愚弄。

在交谈中我也发现，小明爱吹牛跟他家庭的教养方式有关。他是由爷爷奶奶带大的。俗话说，隔代宠。在爷爷奶奶眼里，小明是世界上最聪明的、最帅气的、最优秀的。所以，他一直以来听到的都是表扬和赞美的声音，久而久之就确信自己是最优秀的。于是，到了班级里便把话说得大大的，以压倒对方来维护自尊。因此，就时常夸大其词、大吹特吹了。

改变爱吹牛的习惯需要长期努力。教师和父母要对孩子的争强好胜心理给予肯定，但也要讲策略地告诉他们，争强好胜不能夸大其词，使之明白实事求是不丢面子，言过其实才是不受欢迎的。同时，要恰当引导孩子的好胜心，多鼓励。

改变爱吹牛的习惯要从做自己擅长的小事开始，认清自我的能力。另外，还可以帮助他们把自己目前拥有的列举出来，这也有助于他们回归现实。

还可以利用大话激励孩子。父母通过孩子说的大话，了解他们的所思所想，趁机引导他们分清哪些是真实的，哪些是自己想象和期望的。要告诉孩子，有愿望是好事，但要好好学本领，朝着这个目标努力。比如，要想在海洋馆里潜水，就得先学会游泳。

聆听手记

如果一个孩子总是与同伴比较，夸大其词地表扬自己，那么他平常从父母那里往往是得不到承认和赞赏的。他可能会通过吹牛的方式体现自己的价值。也有少数情况是因为孩子受到的表扬太多了，他感觉不断地自我夸大和赞赏才能说明自己是非常优秀的。一个孩子如果突然开始过分地夸耀自己，也可能是受到新同伴的压力而做出的反应。所以，父母需要时刻关注孩子周围环境的变化，观察孩子是在模仿其他小朋友的做法，还是在嘲笑别人；孩子对自己的强项是不是投入了更多的时间。这就需要父母、教师多与其沟通，从而得到更多、更准确的信息。

如果孩子仅仅是对自己的成就表达出一种快乐的情绪，那么家长和教师就完全可以和他分享这份快乐。但是，如果孩子看起来快乐的原因主要是自己做事情比其他人做得好，那么就需要家长和教师教导他学会考虑其他人的感受。

4 “出口成脏”的学生
——如何纠正学生说脏话的坏习惯

一个周日，我刚走出单元门，就看见几个七八岁的男孩跑了过来。其中一个穿着肥大校服的男孩一边跑一边扭头冲其他小伙伴大喊：“快跑！胖老太婆 ××× 追过来了！”由于跑得太急，他一头撞在我身上，把我撞了一个趔趄。

男孩也一个踉跄，但还是稳住了身体。我赶紧走过去，想看看他有没有撞伤。没想到男孩瞪了我一眼，嘴里说：“××× 怎么回事？真 ××× 倒霉！”说完刺溜一下就跑了。

说实话，我当老师这么多年各种各样的学生也见过不少，但是像这样满口脏话的孩子还真不多见。大清早出门遇上他，心里多少有些郁闷。

这时一个身影追了过来，我一看是社区的李主任。她一边追一边大叫：“让你们跑！你们跑得了和尚跑不了庙！我找你们家长去。”

李主任身形肥硕，年龄已五十开外了，哪里是那些孩子的对手。她追得气喘吁吁，可孩子们早就不见踪影了。

我迎着她走了过去：“李主任，怎么了？什么事把你气成这样？”

她一看是我，停下了脚步喘着气说：“老师，您看那个淘气的孩子，不但爬小区的树，还把刚开的茶花都给撅了。”说着把手里的残枝败叶伸到我跟前。

“那你是得好好地批评他几句。”我同情地看着她。

“我还批评他？我还没开口呢，他就脏话连篇了。”她连连摆手说道。

她的话让我想起了刚才的一幕，于是说：“你可以找他父母谈一下啊！”

“没用！”她摇着头说。突然，她眼珠一转说：“这样好不好？我约一下他的父母。您是老师，您来和他父母谈一下。”

李主任的话让我愣了一下，我没想到她提这个要求，本想推托，但看着她期盼的眼神，只得应承下来：“好吧，约定好时间后通知我！”

“好嘞！就这么说定了！”李主任欢天喜地地走了。

下午，我如约来到社区会议室，隔着玻璃门就看见早上的那个男孩站在那里，身边坐着一对中年夫妻。我推门进去，李主任赶紧迎上来热情地为我们相互介绍：“这是心理老师，这是小伟和他的父母。”

“这小畜生 ××× 不懂事，给你们添麻烦了，赶紧过来认错！”小伟的爸爸一边恭敬地对我和李主任说，一边把小伟拉了过来，并在他的后脑勺上拍了一下。

小伟慢腾腾地挪到我们跟前：“我 ××× 错了，今后一定改。”

“小伟平时在学校和家里也是这么说话的？”我问小伟爸爸。

“也是这样说的啊，怎么了？”他不解地看着我。

“你没注意到他在说脏话吗？”我有点儿奇怪。

“他没有骂人啊！”小伟爸爸茫然地看着我，又转过头去看小伟妈妈。

“张口一个 ×××，闭口一个 ×××，还不是骂人啊！还不都是跟你学得嘛！”小伟妈妈没好气地说。

“这个我还真 ××× 没注意到。”小伟爸爸挠着头不好意思地说。

我的表情马上严肃起来说：“父母的言行对孩子的影响极大，你自己这样说话，难怪孩子也是满口脏话。”

“我知道这样不好，但是改不了。”他两手一摊，似乎很为难。

“没有改不了的习惯！”我语气坚定地说，“你抽空带小伟到心理辅导室来，一定能改掉的。”我一边把自己的名片递给他，一边转过头对小伟妈妈说：“麻烦你监督他们父子俩的言行。”

“好的，我一定帮您盯紧他们。”小伟妈妈赶紧应道。

一周后，小伟一家人来到了心理辅导室。从交谈中我得知，小伟是一年级学生，刚从老家来城里跟父母团聚。在农村老家时，他没有上过幼儿园，一直由爷爷奶奶抚养，文明礼貌方面的教育非常欠缺。到城里后跟父母一起租住在工棚，每天出入父母卖菜的农贸市场，耳闻目睹了一些不文明的言行，就模仿了。尤其是小伟的爸爸和周围的老乡，也都脏话连篇。于是小伟错误地认为，学会说这些脏话，就成了城里人了。因为爱说脏话，他在学校里经常被老师批评，也被同学瞧不起。

我给小伟讲了一个故事《脏嘴巴的小白兔》。大意是，小兔学了一句骂人的话，只要有人惹它不高兴，它就说出来，因此它的朋友都嫌它的嘴巴脏，不跟它玩了。它改掉这个毛病后，朋友才又和它交往了。

我问小伟："这个故事告诉我们什么道理？"

他说："不要骂人。要是骂人的话，你的朋友会离开你，你就没有朋友了；要是你不骂人，你的朋友会越来越多的。"

我表扬了他，说他很聪明，明事理。他表达了想改掉说脏话的坏习惯的意愿。我鼓励他多向周围讲文明的同学学习。这其实就是心理辅导中的示范法，即模仿疗法。简单来说就是通过观察别人的行为，学习和获得良好的行为，减少和消除不良行为的一种矫正方法。我鼓励他通过观察别人的行为来改掉自己说脏话的行为，主要途径有：影视模仿法、读物模仿法、现场模仿法和参与模仿法等。我还给他讲了一些故事，并且有意识地通过故事告诉他正确的做法。例如，他生气的时候可以去找别人倾诉，或者对玩具说话等，而不是用说脏话的方式。我尝试用不同的示范方式帮助他模仿学习好的行为习惯，从而使他改掉说脏话的坏习惯。

同时，我也跟小伟的母亲进行了交流。要是孩子说脏话了，父母既不要打孩子，也不要说教，而应不理睬他的行为。日积月累，孩子就会觉得说脏话没有意思。要注意的是，孩子说脏话的时候，家长不能发怒，因为家长异常愤怒的样子会使孩子重复说脏话。这样不但不能制止孩子说脏话的行为，还会加强孩子的不良行为。她听了我的话表示很受启发。

最后，我跟小伟的父亲进行了交流，希望他给孩子树立文明的榜样。家长是孩子的第一任老师，家长的一言一行直接影响孩子的成长。家长要想管好孩子，让孩子讲文明，素质高，就必须提高自己的文明程度。

聆听手记

孩子说脏话通常有几种情况：简单模仿，只为好玩；身边一些有影响力的人说脏话，“震”住了其他人，于是孩子也想通过模仿来显示自己的力量；发泄情绪，表达不满，甚至愤怒；想引起别人的关注。

当孩子说脏话的时候，我们要仔细观察一下，孩子是和谁学的。小伟说脏话，很大程度上是从他父亲和老乡那里模仿学来的。

为了改变孩子，我们可以采取的办法有：一要净化环境，做好孩子父亲的工作，希望家长能够成为孩子文明用语的榜样；二要让孩子远离“污染环境”，减少其接触周边不良群体。老师不仅要做好学生的引导工作，还要对家长提出具体要求。

5 风波亭内起风波
——如何帮助学生应对虚荣心

这天学校组织春游，学生像飞出了笼子的小鸟一样，飞快地冲出校车，冲向公园的角角落落。

我刚走了几步，就被几个学生追上："老师，您给我们讲个故事吧！"

我带着学生一边向风波亭走去，一边说："据说南宋名将岳飞父子就是在风波亭遇害的。"

"哇！"学生们一阵惊呼后很快安静下来。有几个平时颇有威信的学生还自觉地维持秩序，示意大家噤声。

"小宇，那个正在扫地的阿姨好像是你妈妈。"一个女生指着一个正在樱花树下扫地的女子说道。

"不可能。小宇不是说他妈妈是服装店的老板吗？怎么会在这里扫地呢？"另一个男生帮着说道。

"是吗？不过看着很像呢。"女生不甘心地说。

"说不是就不是。"小宇气急败坏说。

"上次你爸爸开着送货的车来送你上学，你也说不是你爸爸。"女生不依不饶。

我有些狐疑地看了小宇一眼，又远远望了望那个正在扫地的妇人。她穿着保洁制服，戴着口罩和帽子，也不好辨认。但我们的喧哗声还是吸引了她。

"老师，你们怎么在这里？小宇也在吗？"果真是小宇妈妈，她惊喜地朝我们打招呼。

“真的是小宇妈妈！”一个女生尖利地叫了一声。同学们向小宇妈妈问好。

“你在这里干什么？”只见小宇像一只受伤的公牛狠狠地瞪着妈妈吼道。

“我能干什么？我在这里上班啊。”小宇妈妈无奈地说。

“你在哪里上班不好，非要到这里来丢我的面子。”小宇气呼呼地说。

“你怎么能这样说，我是你妈妈啊！”小宇妈妈很伤心。

“我才没有一个扫地的妈妈。”小宇决绝地说。

我一见情势不对，赶紧岔开话题说：“小宇妈妈你好！你在这里工作啊！”

“我不在这里工作。”小宇妈妈说着指了指樱花树说道，“这些樱花开得快，谢得也快。这里的保洁人数不够，我是临时被抽调过来帮忙的。老师你不知道，小宇这孩子好面子，虚荣心特别重。”

看着小宇妈妈饱经风霜的脸，我说：“这不是你的错，我会找小宇谈谈的。”

趁学生四处游玩，我带着小宇在一个安静的角落坐下，与他聊了聊最近的状态后，切入了正题：“为什么你对妈妈的出现这么不满呢？”

他皱起了眉毛：“同学们会看不起我的！他们在教室里总炫耀自己的文具和鞋，这些我都没有。看着他们聊天我都不知道说些什么……”

我有些明白了。小宇为了迎合同学之间的攀比而说了谎，需要让他意识到从长远来看这样做是无效的。我说：“你觉得，说妈妈是服装店老板，能够让同学们羡慕自己，愿意跟你说话？”

他点头道：“是这样的。他们都围过来问我家的情况，不过……”他低下了头，“上次我爸来送我被同学们看到了，加上这次，他们肯定都会笑话我了！”

我拉过他的手说：“即使没有这两次的事，不真实的事情就能变成真的吗？”他摇摇头。

通过我们的交谈，小宇认识到为了满足虚荣心而说谎是一种逃避行为，他并没有寻找到真正融入同学的途径，错误地将良好的家庭经济水平和受同学欢迎画上了等号。

小宇的虚荣心主要是缺乏自我价值感，让他学会接纳自己是十分重要的一步。我用脸上的雀斑做比喻，鼓励他要想更自信地与同学们一起玩耍，最好的办法就是接纳它，带着它一起学习、生活。我对小宇说：“班上有没有这样的同学，知道你的家庭情况，还跟你是好朋友？”他点点头。

我问：“他们为什么愿意跟你玩呢？”

他想了想说：“因为我看到他们有困难会帮忙，平时我也负责班上的黑板报。他们都说我写的字、画的画好看！”

我笑着说：“你的朋友并不会因为你的家庭状况而不喜欢你，相反，他们更看重的是你身上的品质。”他的眼神亮了起来。

接着，我运用价值澄清和承诺行动的方法，让小宇寻找获得他人认可的途径和动力。我问：“想想班上受欢迎的同学，他们有什么共同点？”

小宇说：“他们成绩好，有礼貌，知道很多知识，还爱帮大家做事情。”

“那他们会因为家庭经济条件而瞧不起其他同学吗？”我追问道。

“他们当然不会！”小宇瞪大眼睛，“他们一般不随意评价别人！”

“非常好。”我笑着说，“所以，你发现了吗？大家都喜欢有良好品质的人。同时，因为外在条件而嫌弃别人是很不尊重他人的表现。那你希望成为哪种人呢？”

他不好意思地抬起头：“我要好好学习，好好表现，让同学们都喜欢我！我也要好好喜欢爸爸妈妈。他们辛苦工作，都是认真、负责的人！”

聆听手记

小学生常见的虚荣心有以下 10 种表现：

炫耀自以为是的条件；

夸大自己的长处；

掩盖自己的短处；

喜爱别人的夸奖和吹捧；

对表扬沾沾自喜，对批评耿耿于怀；

有意装得阔气、富有；

不懂装懂，强不知以为知；

一知半解，夸夸其谈；

争做哗众取宠、华而不实的事；

为了争面子而撒谎、欺骗，甚至不惜弄虚作假。

虚荣心较强的小学生一般意志较为薄弱，一旦他们的虚荣心得不到满足，情绪便容易出现较大的落差。虚荣心是一种不健康的心理，其危害是会模糊学生追求的正确目标。对此学校和家长不能姑息放纵。

有的学生比吃比穿比用，他们的这种心态让家长被动地成了比较的对象。面对孩子的这种虚荣心，很多家长不知该如何正确引导，才能让孩子把精力放到学习上。

其实，小学生有虚荣心是正常的。虚荣心是可以转化为进取心的。适度的虚荣心也是激发孩子见贤思齐、积极进取的内在动力。不过，虚荣心绝不等同于上进心。虚荣心给人带来的成功与满足只是昙花一现，而上进心给人带来的成功与满足才会日久弥坚，让人受益终生。

家长可以多带孩子去接触社会，让他们了解不同的社会群体，使他们更具包容心。同时，家长也要客观地认识自己的孩子，用宽容的心体谅、接纳孩子爱慕虚荣的心理，给孩子的虚荣心留出一定的生存空间，让孩子觉得人活在世上总要有所追求，才不会时常被虚荣心驱使。

家长要鼓励孩子正确对待现实生活，不要过多计较别人的议论。其实，不尽如人意的事经常发生。如果粉饰现状，就可能陷入虚荣的迷雾而不能自拔。家长应该在日常教育中尽可能地让孩子体验成功，建立自信，同时也要让孩子明白，生活中的失败是不可避免的，要勇敢地面对。

6 爱插嘴的学生
——如何帮助缺爱的留守儿童

落日的余晖斜斜地照在窗户上，我一边整理上课笔记，一边和同事聊天。这时，办公室的门被推开，我转过脸一看，是二年级（3）班的班主任肖老师。她一阵风似的走了进来，气呼呼地说："这课没法上了！"

"出什么事了？干吗这么生气？"我笑着问她。

"还不是我们班那个超级嘴碎的思勉。每次上课就插嘴，好好的一堂课被他搅得一塌糊涂。今天是诗歌赏析课，我给学生读'骑鹤上扬州'的诗句，他就插嘴：'老师，骑鹤不会摔死啊？'全班哄堂大笑。"

肖老师无奈地说："读到'春风不度玉门关'的时候，他就在下面插嘴：'老师，春风不度教室门，冷死了！冷死了！'他的嘴太碎了，再这么下去，真的是没法上课了。"

"他在课上一直这样吗？"我放下了手里的笔记。

"刚上一年级时还好，可是到了二年级就插嘴得很频繁了。"

"如果他愿意，让他明天中午到心理辅导室来找我，我跟他好好聊聊。"

第二天中午思勉如约而至。我和他先玩了一会儿沙盘。他拿起一个老师沙具摆弄，放到一个小男孩沙具边上，说："你又插嘴！又插嘴！上课总是插话，扣了你今天的纪律分！"

我笑了，说："看来你对此也很烦恼啊！"

"可不是嘛！我几乎天天被老师点名，天天被扣分。"他看起来有一点儿懊丧。

"原来是这样啊！所以你有点儿不是滋味？不过，我觉得课堂上偶尔插句话，还是挺正常的。”

他抬头望着我，眼里有光闪过。“正常的”意味着其他人很可能有同样的行为习惯，他这样的行为并不是异类，是完全可以被人理解的。我向他传递了对他的理解和接纳，可以让他迅速地摆正位置，平静下来。

“但是，老师总是批评我，一再要求我发言之前先举手。老师规定了上课不能随便讲话。”他很疑惑，老师那里不被允许的事情，我却说是正常的。

其实，一般情况下，人的很多行为背后的情绪和意图是可以被接受的，而行为则有有效和无效之分。如果这个行为不合适，那么就改为合适的行为，没什么大不了的。

在他平静下来后，我认为可以激发他去探讨具体行为背后的意义，探索他自己内在的需求。

“你觉得老师为什么不让你们在上课的时候随便插话呢？”

“老师说会影响别的同学学习，可我每次都忍不住……”他叽叽喳喳地说着，像只小麻雀。

我又笑了：“你觉得挺好玩，是吧？同学们听了被你逗得哈哈大笑，很有意思，是吧？”

“老师！”他惊讶地抬头，“您怎么知道啊？”

“我当然知道啦！你插嘴，同学的注意力都在你这里了，你倒是心满意足了，可是你考虑过老师的感受吗？你想过老师讲课和同学听课被你打断了吗？”

他茫然地摇了摇头，根本没有想到会影响同学听课，也没有想到老师维护课堂纪律的辛苦，只希望得到老师的表扬，希望老师喜欢他，却用错了方法。

“老师为什么这么要求呢？”我顿了顿，给他留了一些时间思考。他皱起眉头，一脸严肃地思考。

随后我说：“因为这样要求，就能让每个同学尽可能地听到老师讲课的内容，就可以给同学们创造一个安静的学习环境，对不对？”他点头表示认可。

“那么，我们如何做，可以得到老师更多的表扬和爱护呢？”

“我也不知道。以前我也举手，可是老师经常不叫我！”

“是吗？全班有四十多个同学，每次老师只能叫一位同学，总会有大部分同学没有被叫到吧，你说呢？”

“也是哦。”他笑着挠挠头。

“因为没有被叫到，你就用插话来引起大家的注意，以为这样可以把大家都逗乐，是不是？却换来了老师的批评。”我用手指刮了刮他的鼻子，他嘿嘿地冲我吐了吐舌头。

“拥有一个安静的学习环境后，我们才能更投入地学习。当学习更投入的时候呢，老师讲什么，大家才能更容易明白。当你各方面表现都越来越好的时候，老师就会更多地表扬你。你觉得呢？”我把手搭在他的肩膀上，试图给他一点儿支持。他郑重地点了点头。

让孩子看到自己的内在需求和课堂纪律背后意义之间相融的地方，这一步至关重要。这一步打通了，意味着内在需求和外在要求就匹配了。再要求孩子去思考：“有没有更好的行为习惯或者方式去实现自己的内在需求，同时也满足老师的要求？”

“那么，我们来思考一下：接下来怎么做呢？”

“等会儿我想找肖老师道歉。我不该上课随意插话，以后不插话了。”

“不插话可能不一定能马上做到。但是，我看得出来你已经想改变了。那么我和肖老师说，以后你要是还有忍不住想插话的时候，先给你一次机会提醒你一下。你可要珍惜这一次机会哦！”

“这么好！谢谢老师！”

“下周这个时间你再来，我要看看你上课情况能不能改善，有没有进步。如果有困惑的话也在下周告诉我，我们一起想办法，好不好？”

“好的，老师。您就看我的吧！”自信的笑容洋溢在他的脸上。

我送走思勉，找到肖老师，向她反馈了情况，并且让她和思勉做一个小约定，上课给思勉一次用一个特定的而不是批评的方式，来提醒他专心听课而不是插话的机会。

从表面上看，思勉只是上课爱插嘴讲话，其实，孩子做的每一件事情都有自己的目的。孩子调皮捣蛋是为了吸引他人的注意。一旦孩子不能用正面的方式得到关注，他就会想办法用负面的方式达到这个目的。这是因为孩子的个人逻辑（即孩子的内心对话）正在形成。孩子会很自然地想："只有当别人关注我、为我服务的时候，我才有价值。只有当我主宰、控制，并占上风的时候，我才显得重要。"

通过交谈，我得知思勉的父母在他很小的时候就出国定居了，他一直和爷爷奶奶一起生活。孩子是需要人陪伴的，当他的父母陪伴不够多时，他自然就会寻找别人。那些企图通过各种举动引起别人关注的孩子，往往是因为家长或周边人对他的关注不够，所以他会故意表现得与众不同。对思勉而言，表现就是上课总爱随意插话。有的高年级的学生会做出一些破坏性的举动。而如果孩子从父母那里感受到了陪伴和爱，他一般就不会刻意引起他人关注。

随后我们又做了家访，建议思勉的爷爷奶奶平时多与孙子聊聊天，一起做一些家庭游戏，了解他的想法和感受；周末多带他出去玩玩，鼓励他与小区的孩子一起玩耍。我特意向他爷爷奶奶建议，要着重从小培养孩子的独立习惯，尽管家里有保姆，但孩子自己能做的事情应尽量让孩子自己来完成。

之后，我建议肖老师联系思勉的父母，告诉家长目前孩子的真实情况，并建议他们：最好至少留一位在家，实在不行也要通过多打电话、写信、视频聊天等方法，了解孩子的情况，与孩子交流思想和感受，给予孩子更多的关爱。

作为老师，我们也要对这些孩子多一些关心和爱。爱是教育学生的前提，没有对学生的爱，就不会有真正的教育。思勉用上课总是插话这种方式告诉我们，他缺少爱，渴望得到老师、同学的关注。因此，教师要对思勉的情绪和行为更有耐心、更加包容，努力从生活上、学习上让他感受到爱。面对这类学生，教师要从小事上、细节上入手，对他们多加关心和爱护，时刻关注他们的思想变化，并及时沟通。

聆听手记

随着社会的发展，越来越多的家庭能为孩子提供衣食无忧的物质生活，但孩子的需求并不是单纯的物质就能满足的。他们更需要父母给予精神层面的关心和关注，这是孩子的爷爷奶奶或者外公外婆无法取代的。父母即使工作再忙，也应该花时间陪伴孩子成长，给予孩子安全感和自信心，呵护孩子的心理健康。需要注意的是，有的孩子因为父母不在身边而出现了行为偏差。比如，像思勉同学那样，上课总是插嘴、讲话，或者有别的与众不同的行为。这时，我们都要第一时间建议孩子向儿童心理方面的专业人士咨询。简单、粗暴地打骂、责罚不仅解决不了问题，还可能使问题加重。

7 究竟是谁在说谎
——如何引导学生改掉说谎的坏毛病

一天，数学老师张老师对我说："我班里有个学生叫小辰，最近几次作业都没有完成。我问他怎么回事，他说妈妈住院了，他每天都去医院照顾她，没有时间做作业。我在家校联系本上多次要求家长回复，也没有回音。后来我打电话联系了他爸爸，才知道孩子撒谎，他妈妈根本没有住院，他回家后都说作业已经全部完成了，也没有把家校联系本交给家长。"

"以前发生过这样的事吗？"我问道。

"偶尔有那么一两次。"

"最近你布置的作业和以前有什么不一样吗？是增加了作业量，还是提高了作业的难度？"

"作业量没增加，就是多留了些拓展性题目。这些题目是选做的，我事先给家长发了通知，请家长和孩子一起选择。小辰的数学成绩在班上属于中等偏上水平，他家长在回执上选择了做拓展题。难道这和孩子撒谎有关吗？"张老师有些疑惑。

"孩子撒谎总是有原因的，我和他谈谈吧。"我拍了拍张老师的肩膀。

回到办公室，小辰已经在门口等我了。他看见我走过来，鞠了一躬："老师，您好！"我微笑着把他引进办公室，心里暗暗思忖，这应该是一个家教比较好的孩子啊！

"我有什么可以帮到你的？"我问。

"是数学老师叫我来的。"他怯生生地答道。

"我很好奇数学老师为什么叫你来和我谈谈呢？"心理辅导在不知不觉

中开始了。

“因为我没有交家校联系本。”

“哦，是就这一次没交还是多次没交？”

“很多次。”他的声音变轻了，也越来越拘谨了。

为了让心理辅导能有效地进行，我建议他调整一下坐姿，放松下来。我们聊起了别的话题。我知道了他爸爸在工商局工作，妈妈在税务局上班。他爸妈虽然白天上班很忙，但是晚上基本能坚持在家陪他。为此，他们经常用各种谎言推掉应酬。

聊着聊着，我话锋一转：“最近张老师布置的作业难吗？”

“有……有点儿难。”他回答时竟口吃了。

“有不会做的题目，为什么不问问你爸妈呢？”

“我不敢。”他低头回答道。

“为什么呢？”我追问。

“他们对我的要求总是很高。以前我有不会做的题目也问过他们，他们说连这么简单的题目都不会做，一定是上课时开小差了。每次一问不会做的题目，换来的总是一顿批评。”他委屈地说。

“于是，你就对老师撒谎。”他默默地点点头。

我说：“其实，我小时候也撒过谎，有时是因为面子，有时是因为怕爸妈不高兴。”小辰有些惊讶。“不过，后来我发现如果说一个谎言，就至少需要说十个谎言去弥补。到头来自己就活在谎言中了，筋疲力尽，还不被人信任。”

当我说到这里的时候，他使劲儿点了一下头。看来我说出了他真实的感受。

“让老师来帮助你，和你父母及张老师聊一下。但是你要答应老师，今后再也不撒谎了。”我拍了拍他的脑袋。

“嗯！”他的眼神里充满了期待。

我知道，接下来的辅导是需要家长配合的。

第二天，我与小辰的父亲进行了沟通。我告诉他，父母的言行对孩子有重要影响，父母是孩子的第一任老师。如果父母经常撒谎，孩子就会模仿家长的行为，以后在与人相处时，容易出现食言的行为，这会让其他同伴觉得孩子是没有信用的人而疏远他。我建议他们不要当着儿子的面，用说谎的方式推辞应酬。小辰的父亲表示马上改正。同时，我希望他们调整期望值，家长过高的期望值会使孩子身心疲惫，会给孩子造成巨大的心理压力。孩子爱说谎，多数情况下是因为害怕说出真话后被家长批评，或者担心家长会因此伤心。家长应该反思自己的教育方式，因为在家长严厉批评或者要惩罚孩子时，他们最容易撒谎。对我这个要求，小辰的父亲的情绪反应比较强烈。看样子，很难一下子说服他。好在，小辰的父亲表示会配合学校，让儿子改掉说谎的坏毛病。

通过我的心理辅导，小辰逐渐认清了自己的心理状态，承认自己的说谎行为，并且愿意做出改变。接下来的心理辅导主要采用阳性强化法，联合任课老师和家长一起为他制订改变计划。

阳性强化法强调行为的改变是依据行为后果而定的。每当孩子出现家长和老师期望的心理与目标行为，或者在出现一种符合要求的良好行为后，采取奖励办法加以强化，以增加这种行为出现的频率。使用此方法需要老师和家长配合，只有老师、家长一起关注并积极鼓励孩子做出诚实的行为，才能有好的效果。

我们将心理辅导的靶目标设定为不交家校联系本的行为和说谎的行为。任课老师和家长监控的靶行为（即问题行为）设定为，由任课老师和家长统计小辰交家校联系本和不说谎的次数。小辰每交一次家校联系本，老师在本子上贴一个五角星。如果他对家长、老师有隐瞒、欺骗的行为，就取消全部已得到的五角星。每得到 21 个五角星可以到家长那里换一次奖励。小辰向家长提出，奖励为赛车模型或者全家去吃自助餐。家长欣然允诺。我也与小辰约定，每得到 21 个五角星向我汇报一次。

据此执行两个月后，小辰基本上顺利完成了行为计划，能按时交家校联系本了。这也得益于家长对他做不出拓展题态度上的变化——他们不再心急火燎地批评他了。他再也没有因为学业问题而撒谎，实现了我们当初的辅导目标。

聆听手记

一般来说，年龄越小的孩子越会把自己的所作所为如实地告诉家长、老师，不过，孩子有时带来的消息是家长、老师不愿听到的。比如，考试考砸了、作业做错了等。听到这样的真话，有些好面子的家长或心急的老师往往对孩子劈头盖脸一顿批评。年龄关系，孩子往往不能理解家长、老师的良苦用心，而是从消极方面吸取教训，认为说了真话、实话反而挨骂，那么下次再遇到同样的事，就可能选择说谎。因此，只要孩子说真话，家长、老师都要对其诚实的行为加以肯定，予以表扬。对孩子的过错不要粗暴批评，要和孩子一起分析犯错的原因，共同制订克服缺点的计划，因势利导地帮助孩子解决问题。

8 一生气就撞墙的男生
——如何引导学生合理发泄情绪

这天轮到我值周，当我站在学校大门口的岗位上时，还不到七点。这时有个男生向校门口走来，我觉得他有些异样。等到男生走近的时候才发现是小健。他脸上有好几块淤青，额头上还有一个包。我赶紧叫住他："小健，你过来。"

他愣了一下，慢腾腾地朝我的位置挪了过来："老师，有什么事？"

"你的脸怎么了？是不是和别人打架了？"

"没有。"

"你家长打的？"

"没有。"

"那是怎么回事？要和老师说实话。"

"是我自己弄的。"他小声回答。

本想详细询问一下，但是我正在岗位上，不便细问，于是说道："你先去教室吧，午饭后来我的办公室。"

"嗯！"他回答了一声，转身向教室走去。

我向他的班主任了解情况。她说："他的脸上经常有伤痕。听同学说，他生气的时候就自己撞墙。"

回到心理辅导室的时候，小健已经在等我了。我让他先坐下，拧了一块冷毛巾敷在他的额头上。

"告诉老师，你头上的伤是怎么弄的？"

"自己撞的。"他半闭着眼睛回答道。

“你为什么要撞呢？”

“我也不知道，反正一生气的时候我就想撞墙。”

“你从什么时候开始在不高兴的时候撞墙呢？”

“很小的时候就这样。”他拿掉了毛巾，直起了头答道。

“遇到哪些不高兴的事，你会这样做呢？”我指了指他的头。

“很多。爸妈不带我去吃快餐，或是他们不给我买玩具。”他的语气里流露出不耐烦。

我打算换个话题：“我们一起来玩个游戏，好吗？”

“玩游戏，好呀！”他的脸上露出了笑容。

我拿出五颜六色的气球和他一起吹，在吹气球的时候让他回忆一件最近遇到的让他很生气的事情，把气球当成发泄的对象使劲儿吹，吹出所有的气，这样肚子里生的气就都发泄出去了，以此作为正当的发泄途径。气球吹好后我帮他扎好，让他踩爆气球。这时候我告诉他，气球就像自己的肚子，如果总是生气就会“爆炸”，会对身体造成危害。

小健说出了一件又一件让他生气的事情：肚子不饿，爸妈硬要他吃饭；被数学老师批评……他踩爆了一个又一个气球，积压的愤怒情绪得到了宣泄。

我告诉他，还可以在卧室的墙上挂一个投掷板。每次用飞镖投掷目标时，可以一边投掷，一边发泄怒气。

第二次进行心理辅导时，我主要是给他讲故事，先讲了诸葛亮三气周瑜的故事。他觉得不过瘾，我又讲了“钉子”的故事。

有一个男孩的脾气很坏，于是他的父亲就给了他一袋钉子，并且告诉他，每当他发脾气的时候就到后院的栅栏上钉一根钉子。

第一天，这个男孩钉下了 16 根钉子。以后，钉下的数量每天逐渐减少。后来，他发现控制自己的脾气要比钉下那些钉子还容易些。

他把这个发现告诉了他的父亲。他的父亲告诉他，如果他能每天控制住自己的脾气，就到后院的栅栏上拔出一根钉子。

一段时间过去了，他终于把所有钉子都拔了出来。

他的父亲拉着他来到后院说：“你做得很好，但是，你再看看那些洞，这些栅栏永远无法恢复到从前的样子了。你生气的时候说的话，就像这些钉子一样伤害他人，在别人的心中留下了永久的疤痕。如果你捅别人一刀，不管你采取了多少补救的措施，那个伤口都永远存在。话语的伤痛就像真实的伤痛一样令人痛苦、难过。”

听了这个故事，小健领悟到，发怒对身体健康有害，会使人际关系变紧张，会让自己变丑，也会伤害别人，甚至可能会违法犯罪。

愤怒常常是突发性的情绪反应。在所有的情绪中，控制愤怒情绪是最难的，即使成年人也有勃然大怒的时候。但是，愤怒和其他情绪反应一样也是可以控制的。第三次辅导时我们主要讨论了如何合理地发泄愤怒情绪。他想出了很多发泄愤怒情绪的方法，比如，听音乐或者和谈得来的朋友一起聊聊天，干点儿自己喜欢做的事等。我鼓励他以健康的方式消除心中的怒气，减少愤怒对自身的伤害，同时提醒他不要损害他人的利益，不可有过激行为。

最后，我向他介绍了理智制怒法。具体做法如下：在即将动怒时对自己下命令：“坚持一分钟不生气！”然后，试一试那些能让自己聚精会神的动作。例如，眼睛沿顺时针方向转动 10 圈，闭上眼睛从 1 数到 10，再做 3 个深呼吸。此时再想想刚才让自己愤怒的事情，问问自己“我为什么生气”“这件事或这个人值不值得我生气”“生气能解决问题吗”“生气对我有什么好处”等，用理智来战胜情绪。过一段时间后，可能就会感觉当时的人或事已经不那么值得生气了。

聆听手记

愤怒是人的一种正常情绪反应，每个人都有愤怒的体验。当孩子能够在不失控的情况下表达愤怒时，说明他已经开始适应生气的感觉。如果愤怒不能用恰当的方式表达出来，就会造成学业出现困难、人际关系发生冲突、身心不健康等问题。

帮助孩子控制愤怒情绪的第一步，就是找到产生怒气的原因，并且了解孩子是如何表达这种情绪的，然后我们才能帮助孩子用恰当的方式表达愤怒。

在本案例中，心理老师借鉴了心理咨询中的故事疗法。故事疗法的核心是创设一个与学生对话的情境，改变他们原有的思考习惯，帮助他们获得对自身现状的不同理解。

9 “破坏王”闯祸的背后
——如何保护学生的好奇心

这天，一出校长室的门我就碰见急匆匆赶来的班主任刘老师。她问我：“校长现在有空吗？”刘老师已年过五旬，身材微微发福，也许走得有点儿急，说话时喘着粗气。

“校长还在和其他老师讨论工作，有事吗？”我随口问了一句。

“刚转来的小天又闯祸了，把同学的一只手表给拆坏了。现在同学的家长找上门来要求赔偿。”刘老师把手里的事情经过说明书晃了一下。

“他干吗拆同学的手表？”我拿过事情经过说明书看了一眼。

“谁知道呢！他说他好奇，我看就是欠管教。前几天，他把教室门口的路由器天线给掰断了，还把校园里的水仙花给拔了，简直就是一个‘破坏王’。”刘老师气呼呼地说。

“这孩子平时学习怎么样？”

“人很聪明，可就不用在正道上，成绩一般。”

“这孩子还是蛮有意思的。”我被这个孩子的举动吸引了。

“什么？你觉得有意思？”听了我的话，她的声音都提高了。

“对不起，我不是那个意思，你误会了。”一看她更生气了，我赶紧道歉，“现在校长正忙着，要不你把小天交给我处理，让他来心理辅导室找我？”

刘老师犹豫了一下，勉强答应了。

我回到心理辅导室不久，小天就来了。他没敲门，直接推门而入，进屋后也不像其他学生那样守规矩，而是东张西望，对心理辅导室很好奇。

“你是小天吧？”他是新转来的学生，我并不认识，所以确认一下。

“就是我！”他一点儿也不害怕，一边回答一边用手拨弄地球仪。

“你知道我为什么叫你来？”我故作严肃地问。

“因为我闯祸了呗！”他满不在乎地回答。

“知道自己闯祸了还这么不老实？”我假装绷着脸说道，想看看他的反应。

“他们说我闯祸了，我自己没觉得闯祸啊！”他脖子一歪，手还是不停地转动地球仪。

“那你觉得自己的行为算什么？”我把他手上拨弄的地球仪拿开，看着他的眼睛说。

“我是在研究。”没了地球仪，他也只好看着我回答。

“你在研究什么？”我假装好奇地问。

“什么我都研究。”他回答得很干脆。

“同学的手表呢？”我准备一件件事情问清楚。

“手表的数字一直在动，我想打开看看里面到底装了什么机关。”

“那教室门口的路由器天线呢？”

“我想看看那里到底有什么东西，为什么信号会从那里出来。”说着，他盯上了房间里的路由器。

“那水仙花呢？”我穷追不舍。

“那个啊！我在花鸟市场看见摊主都是用刀把它割开，说不割开就长不好，所以我也把它割了一下，想让它长得更好一点儿。”他笑嘻嘻地回答。

“那你研究出什么结果没有？”我准备引导他。

“目前还没有。”看得出说这句话的时候他有点儿泄气。

“你知道为什么吗？”我故意卖了一个关子。

他摇了摇头，眼睛一眨不眨地看着我。

“手表有很多种，像机械表、电子表、光波表等，它们的工作原理完全不同。”说完我故意停顿了一下。

“有什么不一样？”他焦急地问。

“有很多不一样。就拿动力来说，机械手表的动力来自发条，而电子手表的动力来自电池。”

他似懂非懂地点点头，然后又问道：“那路由器呢？”

“这又涉及无线传输技术，是另外一门学科了。”说实话，这些我不太懂，只得笼统地回答。

“那水仙花呢？”他一副探究到底的样子。

“水仙花又涉及生物知识。你刚才提到的三样东西分别属于不同的学科，对专业知识都有很高的要求。”我耐心地解释道。

“这么复杂啊！”他吐了吐舌头。

“是啊。你在什么都不懂的时候就乱拆乱卸，不仅无法弄明白工作原理，还会破坏财物，所以你先要好好学习，将来到了大学就会细分各种专业再详细学习。”我耐心地诱导他。

“我原来觉得课堂上学的那些东西没意思，一点儿都不好玩。现在我知道自己想错了。”他变得老实些了。

“小学、中学都是打基础的，为将来学好各种专业做准备。你喜欢探究是好的，但是要讲究方式和方法，不能乱来一气。”我先是鼓励一番，然后话锋一转，“人不仅要掌握专业知识，还要讲道德，做了错事要勇于承认。你损坏了别人的财物，就要负责赔偿。”

“我知道错了。”他真诚地回答。

我看着他稚嫩的脸庞和透着灵气的眼睛，心想：“人真的很神奇，有时候对和错就是一步之遥。”

这次心理辅导结束后，他还是经常会到心理辅导室坐坐。我不断地鼓励、保护他的好奇心，给他讲了地质学家李四光、物理学家牛顿等科学家的故事，他总是听得津津有味。

同时，我还动员学校的老师不断地满足小天的好奇心。当得知学校有一台拆开在修的旧电脑时，我马上把小天介绍给计算机老师。计算机老师给他简单地介绍了电脑内部的一些零件，形象地讲解了它们的作用。小天看了又看，摸了又摸，爱不释手，最后高高兴兴地与计算机老师一起组装这台旧电脑。有一天，他兴奋地跑来告诉我，他家的鼠标被他修理过后，现在灵活多了，他爸妈都夸他了。他的脸上洋溢着成功的喜悦，他父母把他看成电脑专家了！

我觉得应该将小天的好奇心充分激发出来，便把他推荐到了区少年宫，让他加入科技活动小组。一段时间后他向我汇报说，在少年宫学习了很多知识，还看到了很多小发明。他看到别的学生完成的作品时，犹如一石激起千层浪。他感叹："原来生活中有那么多东西可以作为小发明创造的素材，原来发明创造并不是高深莫测、遥不可及的。"他立志要成为小发明家。我鼓励他，并期待他通过自己的努力，创造出的作品能够参加比赛。一年后，他发明的"智能导盲轮"在区里组织的小创造、小发明比赛中获得了一等奖。

聆听手记

爱玩是学生的天性，有些学生好学、好动，也会做一些"坏事"，犯一些"错误"，但正是这些"错误"值得老师关注和思考。对一些学生的捣蛋行为，不宜一棍子打死。这些"错误"，很多情况下都表现出了他们强烈的好奇心和求知欲。老师这时应该加强纪律教育，讲清这种行为带来的种种不良后果，但注意不要打击他们的好奇心。

学校和家长要保护孩子的好奇心和创造性。因为有了好奇心，孩子才会在探索的欲望下学会创造。对孩子提出的一些看似不切实际的想法，我们要予以鼓励和赞赏，珍惜和满足孩子的好奇心，珍视他们思想中闪现的火花，鼓励他们敢想敢做，善于开动脑筋，在玩中学。有了创造性的体验，孩子的好奇心才会得到进一步满足，创造力才会越来越强。

10 班级里的敏感事件
——如何应对儿童有关隐私部位的事件

一天中午我返回心理辅导室时，远远地看到一个熟悉的身影在心理辅导室门口踱来踱去。我走近一看，原来是班主任谢老师。谢老师是师范大学毕业的研究生，刚刚参加工作，带二年级学生。难道她遇到什么难题了吗？

谢老师迎面走了过来，有点儿腼腆地对我说："我有点儿事情想跟您说。"

"我们进去谈吧。"我笑着把她引进屋。

"我们班发生了几件敏感的事。"她的脸涨得通红，"尤其是有一个小男生，您一定要帮我和他谈谈。这孩子的思想有点儿问题。"

我期待她讲述发生了什么事。

停顿了大约 10 秒钟，她抬起头说："我回去给您发邮件，好吗？"

看着她为难的表情，我也不好继续追问。

"好的。"我笑着点头说。

我心中充满疑惑，一个小男生有什么事情让谢老师这样难以启齿呢？

随后，我收到了谢老师的邮件，邮件中写道："最近我们班出现了几起敏感事件。我非常困惑，不明白这么小的孩子怎么会做出这样的行为。这是心理的问题，还是品行的问题？期待您的帮助。"

我打开附件，看到谢老师用表格的形式简要叙述了班级发生的敏感事件。

序号	时间	事件
1	3月10日	一个女生打一个男生屁股，后来又发生过多次。
2	3月20日	几个男生跑到女生厕所吓唬女生。
3	3月28日	一个男生上课的时候将“小鸡鸡”掏出来给女生看。

看完谢老师的邮件，我的脑海里浮现出这些男生、女生调皮的样子。这样的事情对还没有谈过恋爱的女教师来说的确有些尴尬。

谢老师提到的情况属于儿童性游戏。这是儿童在发展过程中出现的正常现象。这种现象一般在幼儿园阶段出现，通过老师或家长的正确引导，会慢慢消失。像谢老师班级这样的，学生在小学二年级还出现这么多儿童性游戏行为是比较少见的。这种情况的出现与老师及家长的处理方式不当多少有些关系。我决定给谢老师打个电话，请她过来面谈。

就在这时，办公室的门被推开了，谢老师带着一个小男孩走了进来。男孩长得虎头虎脑，一副顽皮的模样。看来他就是谢老师说的“肇事者”。

“邮件您看过了？”刚一进来，谢老师就急切地问，脸上掠过一丝羞涩。

“看过了。”我平静地回答。

“他是小杰，我说的就是他。”谢老师指着男孩说道。

我原本觉得这件事只要与谢老师仔细沟通，调整一下她的态度，教会她处理的办法就可以了，孩子并不需要做心理辅导。不过，既然谢老师已经将孩子带来了，我决定还是先和孩子单独交流一下，以免这件事情对孩子造成负面影响。

送走谢老师后，我请小杰坐下，先给他倒了一杯水。

“小杰，你好！”我和蔼地和他打了个招呼。

“老师好！”小杰用非常清脆的声音向我问好。真是个非常开朗的孩子。看来谢老师尽管觉得事态严重，却没有对孩子横加指责。

“你知道谢老师为什么让你来见我吗？”我故作神秘地问。

“可能是我做错事情了吧！我把‘小鸡鸡’拿给同桌看，老师说不可以。”他眨着大眼睛，做了个鬼脸。

“那你知道为什么老师说不可以吗？”

“不知道。我只是觉得好玩，以后不会这样子了。”他急着向我保证，看来他还是有所反思的。

我伸手摸摸他的头，告诉他男孩、女孩的确长得不一样，彼此感到好奇也没有什么不对的，只是“小鸡鸡”是个人隐私，是不能在公开场合给别人看的。我还特意找了一本儿童性教育的绘本《不要随便摸我》和他一起阅读，帮助他理解什么是隐私，如何保护隐私，以及男孩、女孩交往时应注意的规则。

确定小杰理解了我说的话后，我把他送回了教室，并邀请谢老师过来和我聊聊。对待儿童这样的行为，家长和老师的正确引导非常重要。家长和老师要以幼儿之心、平静之心对待，以适合孩子年龄特点的语言指出行为的好坏，简单粗暴或置之不理都会给孩子的成长带来消极影响，前者会使孩子认为性是肮脏的、丑恶的，后者则会让情况继续蔓延，激发孩子对性过分关注的好奇心。

“班里发生这样的事情一定让你觉得有点儿尴尬，不知道你是怎么处理的呢？”一坐下来，我就开门见山地问。

“可以说我基本没做处理，只是简单地对做出这样行为的学生说，这样做不可以，其他也不知道该对他们说些什么。”谢老师面露难色。

“你采取了回避的态度，结果发现这样的事情在班级里越来越厉害了。”

“是的。孩子们似乎觉得这是件很好玩的事情！”她的脸红红的，看来孩子们的想法实在让她觉得不可思议。

“对孩子来说，这的确就是游戏。儿童到了四五岁时，求知欲大增，不仅对自己的身体感兴趣，也特别想知道异性的身体与自己有何不同。事实上，他们往往会找机会观看、探查、触摸彼此的身体，或者模仿大人的某些动作，或分别扮演新娘、新郎过家家等。

“儿童虽然经常有游戏和探究行为，但他们并没有像成年人那样的意识，所以根本谈不上道德问题或对健康有无危害的问题。他们只是单纯地好奇或觉得好玩，通常并不可能真的做出什么出格的事。”我继续说。

“看来我真的想多了。我原来甚至觉得我们班小杰就是个小流氓！”谢老师笑着说，明显放松了许多。

“看来你自己先要脱脱敏。”我笑着说。

“是啊！您不知道我看到他们那样有多尴尬。还好我当时没有上纲上线，说他们这是不道德的行为，其实我心里真这么想过。”说完，她长长地舒了一口气，“那我们班现在这个情况该怎么办呢？”

“可以在班级里上一节班会课，给孩子们讲些基本的生理知识和男、女生交往中应该注意的问题。”

“我讲吗？不行的！我不好意思和他们讲。您能不能帮我给他们讲讲？”谢老师用乞求的眼神看着我。

让她一下子做到脱敏的确是有些困难，我也该给她留一个适应的时间。我直接进班级给孩子们讲效果也更能得到保证，同时也给谢老师做一个示范，对她以后处理类似问题会很有帮助。

“好的。这次我来，看看效果如何，我们再想对策。”我说。

听了我的话，她如释重负，连声道谢。

周一班会课时，我如约来到谢老师的班级，用学生喜欢的卡通人物作为主角，将卡通图片和提问结合起来给他们讲解了男孩与女孩的区别，男孩和女孩交往应该注意什么，如何保护自己的身体等。

孩子们听得很认真，小杰还几次积极举手回答了问题。当我讲到不论是男孩还是女孩，生殖器官都是隐私部位，需要保护，不可以随便给别人看的时候，他还煞有介事地冲我点了点头。相信这件事只是他成长过程中的一个小插曲。

聆听手记

儿童一些涉及隐私部位的游戏是儿童发展过程中的正常现象，是孩子发展过程中自然而幼稚的表现。儿童期的此类游戏及经验，对儿童今后相关心理及人格的发展都有深远的影响。老师和家长应该正确地认识和对待，促进他们的心理健康发展。

父母或老师发现儿童在玩此类游戏时，最常见的反应是紧张、愤怒，家长打骂，老师斥责。这样做对儿童将来的发展是十分不利的。

家长或老师发现孩子在玩此类游戏时，正确的做法是，平静地将孩子带到一旁，告诉他们身体的哪些部位是隐私部位，以及应该如何保护身体的隐私部位。

11 “闷头猫”的故事
——如何帮助学生应对校园暴力

一天下班后，我顺着学校边上的小路走着回家。

刚拐进一个小巷，就看见前面有好几个男生不停地推搡一个男生。看他们身上的校服是我们学校的，于是我赶紧走了几步大喝一声：“住手，你们是哪个班的？在干什么？”

那几个学生认出我是本校老师，眨眼间跑得无影无踪，只剩下那个被欺负的男生孤零零地缩在墙角。

“你叫什么名字？他们为什么欺负你？”我想弄清楚是怎么回事。

“我叫小海。”他很小声地回答。

也许有什么隐情，看看天色不早了，我就没有继续追问，对他说：“那好吧，早点儿回家吧。”说完我转身走了。

走到小巷的尽头正准备拐弯的时候，我下意识地回头看了看，发现他远远地跟在我身后。我心里咯噔一下，没有继续往前走而是停了下来。他看我不走了，也停了下来。我招手叫他过来，他还是没有动。我想了想，也许是他怕我。我就没再叫他过来，自顾自转身走了。

第二天刚上班，教务处就打来电话，请我帮忙去代一节课。因为代课的事经常有，所以我没多想就答应了。来到教室外，就听见里面闹哄哄的。我推开门一看，讲台上放着一堆书和一个书包。看到我进来，哄笑的学生顿时安静下来。我走到讲台跟前，表情严肃地说：“这是谁的东西，把它拿下去！”

我朝全班扫视了一圈。这时一个瘦小的男生怯生生地说：“是我的。”

我定睛一看，原来是小海。于是，语气放缓了一些："是你放在这里的？"

"不，不是。"他看上去像一只受惊的小鹿。

"那你拿回去吧。"说完我示意了一下。看着他拿回了书和书包后，就开始上课了。

一节课很快就结束了，我一边收拾讲义，一边要小海跟我去办公室。

到了办公室，我把门关上，问他："刚才上课前是怎么回事？和老师说说。"

他低着头，站在我的办公桌前小声地说："不是我弄的。我下课就去上厕所了，回来的时候他们就把我的书和书包都放在讲台上了。"

"他们是谁？是不是昨天在放学路上欺负你的人？"这时我大致明白了事情的原委。

"是的。"他低声说。

为了缓和小海的紧张情绪，我和他闲聊起来。我了解到小海性格比较内向，许多同学称他"闷头猫"。他的学习成绩不太好，又不善言辞，跟老师也不是很亲近，个别学生就在班主任面前用歪曲的事实告他的状，老师信以为真。上体育课时，因为身体的协调性不好，他更成了同学们嘲笑的对象。体育课或活动课玩"找朋友"和"捉对子"的游戏时，没有人愿意找他。

"家里还有一个姐姐，能干的姐姐总是受到很多表扬，因为她学习成绩好……"

"你还有个姐姐？"我看他欲言又止，就追问了一句。

"是的，还有一个姐姐在老家读初中。"他的声音小得几乎听不见，"我爸妈平时不让我和小朋友玩。他们走到哪里都把我带上，也不让我和其他人说我有一个姐姐。"他低着的头都快碰到桌子了。

我把他拉到椅子上坐下，问他："爸爸妈妈为什么不让你和其他人说你有一个姐姐？"

"他们说我是超生的，小时候不能让别人知道。"他一边卷着衣角一边回答，“不过，现在交了罚款，没事了。”

他的话让我十分感慨：“可怜的孩子！”

见他情绪很低落，我便让他先玩沙盘，以观察他的情绪。他怯生生地把手伸进沙盘里，抓起一小把沙子在手上玩了起来。他用塑料勺子在沙盘里盛起了很多沙子，又洒进了沙盘。他重复着盛沙子、洒沙子的动作，用沙子宣泄长期以来压抑的愤怒情绪。慢慢地，他的情绪稳定下来。他说玩沙子的感觉很好。

我提醒他，可以随意挑选架子上的小玩具摆在沙盘里。他看了一眼小玩具，依旧玩沙盘里的沙子。他用沙子堆了一个堡垒。我好奇地问：“堡垒里住着谁？”

“应该是我自己吧。”

我静静地陪着他，没有打扰他。时间一分一秒地过去，他的情绪悄悄地发生了变化。他仔细端详堡垒，摇摇头。过了一会儿，他把堡垒推平了。他先用手指在沙盘里很认真地画了一条细细的“小河”，接着，抬头环顾四周，目光落到了架子上的小玩具上，然后他将一个钓鱼的老人、一些缠绕的藤条和一些绿草放在小河旁边。

我指着藤条说：“每个人都要长成一棵大树，那么你的周围自然就会有其他树了。如果你只想做一根缠绕的藤条，那么你永远要依附别人。”他听了我的话，在河边放了几棵树，但不多。

我问：“那你自己会保护自己吗？”他寻思了一会儿，拿了一把宝剑，放在一个小孩的旁边，说：“宝剑镇妖，可以当作武器保护自己。”看来他自身的力量开始萌发。接着，他又在沙盘的右上角放了亭子。

看得出他的内心存在严重的不安全感，渴望被保护。

我接着启发：“你喜欢更多的人帮助你吗？”他点点头。

“那他们该怎样过河来帮助你呢？”他想了想，挑选了一座石拱桥，架在小河的两岸。“对，这样小河两边的人就可以成为好朋友了。”听了我的鼓励，他兴致更浓了。终于，他产生与人交流的意愿了。

小海是被动受欺负的典型代表。他在受欺负后从不反抗，而是选择逃避。在大多数情况下，他不会告诉家长或老师，而是选择隐忍，因为害怕把事情闹大。频繁受欺负伤害了他的自尊心，降低了他的自我评价和自我价值感。

接下来的心理辅导除了玩沙盘以外，我主要对小海进行提高自信心的训练，目的是为受欺负的他提供一个安全的支持性环境，使他能够讲述自己的经历，并学习和练习有效的应对欺负的方式。

我对他进行了以下训练：让他挺直腰板，注视对方的脸，然后用平静、坚定而又强有力的语调大声地说出对方的名字，说出不喜欢他们做什么事，并要求他们停止其行为；学会在不同情境中进行这种自信表达练习，当别人不公正地对待他，或提出不合理的要求时，要勇敢地说“不”。

我为体弱的他布置的回家作业是：积极参加锻炼，强健体魄，并适当学习一些特殊技能，如跆拳道、武术等，还可以学习一些简单、灵活的自卫方式，如利用环境保护自己，利用他人保护自己，以增强个人力量，同时也能帮助他提升自信。

聆听手记

有的学生受欺负后，不敢告诉老师或家长，因为他们往往受到他人的威胁、恫吓，害怕说出去后会遭到报复，便将事情隐藏在心底，默默地忍受；也有的学生或许是由于年龄较小，表达能力差，或有其他原因拙于口头表达，成为“沉默的羔羊”。受欺负的学生大都比较自卑，缺乏自信心和自尊心。这类学生不知道如何向别人讲述自己的遭遇。

经常受欺负的学生长大后有可能成为具有暴力倾向的欺负他人的人，也可能成为极度自卑的受欺负的对象，所以，老师和家长都要十分重视和关注受欺负学生的心理问题。

12 顺手牵羊的学生
——如何帮助学生矫正偷窃行为

这天，学校的班主任QQ群里炸开了锅，因为四年级某班的学生又丢东西了。这个班，不是学生文具盒不见了，就是零花钱少了几块。这个小偷也真是的，不偷贵重的物品，也不偷光同学所有的零花钱，只从同学的钱包里抽走一两张。这个班之前发生了一连串失窃案。老师们调看了监控，基本排除了其他班级学生作案的可能。班主任雷老师通过调查和推断，也大致有了怀疑对象。

这一回，雷老师终于逮到了这个小偷——班里平时默不作声的男生皑皑。为了保护他，雷老师没有公布他的任何情况。德育处希望我能介入，帮助他健康成长。

是皑皑？在学校花展期间，他还煞有介事地向我报告有人偷花。我从他的老师、同学和家长那里对他有了大致的了解。在老师眼中，他不爱学习，和同学关系也不好。同学认为他小气，还贪心，常常随便拿别人的文具，经常借同学的东西不还。他是独生子，从小被父母溺爱。

他家里开了一个超市，他的需要随时都可以得到满足，很少需要用钱去买东西。因此，对于如何克制自己的需求，他没有得到强化。上小学一二年级的时候，他就经常从学校拿一些小东西回家，如橡皮、铅笔、粉笔等。当时他的父母教育过他，后来就没有太在意，这就纵容了他的偷窃行为。家长的溺爱使他对偷窃的道德控制及社会惩罚认识不足，家长还忽视了为他构建良好的成长环境，忽视了对他的品行教育。

在雷老师的建议下，皑皑来到了心理辅导室。

我们是从画“房、树、人”图开始建立辅导关系的。皑皑的“房、树、人”图显示他的心理比较幼稚。他的抑郁自评量表结果是标准分 53 分，说明他存在轻度抑郁。他的焦虑自评量表结果是标准分 64.5 分，说明他存在一定程度的焦虑情绪。

在心理辅导室，皑皑对我说：“拿同学东西之前，我很紧张，但是一拿到东西，就很满足，也很轻松了。”

“你偷了同学的东西去干吗？”我问。

“别说我是小偷。”显然，从他的答案中可以看出他并不认为他的行为有什么大问题。“好玩呗！玩几天，就扔了。”他若无其事地回答。

根据他的表述，他在拿同学的东西前，有种无法抗拒的偷窃欲望和内心冲动。他的目的并不是经济利益或报复同学，而是将偷来的东西送给邻居家的小朋友或丢弃。

“你觉得是拿到的东西好玩，还是拿到的过程好玩？”

“拿到的过程更好玩。”

皑皑没有明显的偷窃动机，但具备偷窃行为的反复性和习惯性。

“你知不知道，我们是不能随便去拿别人的东西的？”我问道。

“我知道点儿。”他很真诚地回答。

于是，我引导他写下了不能随便拿同学东西的几个理由。他写道：“随便拿别人的东西是一种不文明的行为；随便拿别人东西的人是大家都不喜欢的人；随便拿别人的东西会让自己养成一种不良的习惯；随便拿别人东西的人会变成小偷；随便拿别人的东西会受到处罚。”

我希望以此来让他明白，偷窃行为其实失去的比得到的更多。得到的只是很少的一点儿快乐，失去的却是同学和老师对他的信任，会使他在别人心目中留下坏印象，被当成坏孩子。如不及时改正，长大后极有可能走上犯罪道路，后果难以想象。而改正错误的办法就是要正视自己的缺点，勇敢地和自己的缺点作斗争。

接着，我本想和皑皑玩一个角色扮演游戏，让他扮演一个遗失东西的学生。但是，这个游戏对他来说好像很困难。家人的溺爱使他很少有得不到的东西。没有类似的体验，也就难以换位思考和体会失主的心情。

从第三次心理辅导开始，我带着皑皑做了厌恶想象练习：在放松的状态下，让他想象出最脏的东西。他练习得非常起劲儿，“下水道、鼻涕虫、死苍蝇……”并不时发出厌恶的叫声。我让他想象最近一次看到的最喜欢的赛车模型，然后它掉进刚才他想象的地方。“哎呀……”他怪叫起来。

“现在你得自己将两只手指伸进去把赛车模型捡起来。”

“呀！”他一边叫着，一边下意识地猛甩手指。

“想想吧，上面还沾着脏水……”我引导他。

“我不要了！”他夸张地叫着，并使劲儿甩手指。

“你还得把捡起来的东西洗干净……”

“我不要了！……”

我继续让他体会，把喜欢的笔扔到垃圾堆里再捡起来，洗干净再用是什么感觉。

这次辅导结束后我给他布置了作业：要求他将橡皮圈套在手腕上，想拿别人的东西时，马上拉弹橡皮圈。拉弹时必须稍微用力，以引起手腕部的疼痛感。拉弹时必须集中注意力计算拉弹次数，直到偷窃的念头消失。如果拉弹 300 次以上，这样的念头仍不消失，就要考虑拉弹方法是否正确。每次拉弹之后，及时做好记录。

鉴于皑皑学习成绩比较落后的情况，我们也对学习和学习成绩展开了讨论。他对学习提出了具体的目标，也对融入班集体有了自己的打算。我鼓励他把自己的设想和目标与老师们分享，以得到任课老师的支持。老师们对他都非常关注，每当他有了点滴的进步就及时给予表扬。慢慢地，他在课堂上能踊跃发言了，语文成绩提高得很快，从原来的 30 多分进步到 60 多分；数学也基本能按时交作业了。数学老师表扬他最大的进步是，能够实事求是，不抄别人的作业了。与此同时，班主任也经常与他谈话，鼓励他用实际行动去为班级服务。班主任特意让他当了卫生助理，协助卫生委员管理卫生保洁工作。他这个助理做得很认真，班上连续几周都得到了卫生流动红旗。

是时候了，我来到他的班级给全体同学上了一堂心理辅导课。我拿出一张有黑点的白纸给学生看。我问："大家看到了什么？""黑点。"同学们齐声回答。"同学们，你们只看到了纸上的黑点，是不是？但是，你们忽略了，这首先是张白纸。这几个小黑点，是不是影响到这张白纸了？人生啊，就像一张白纸。我希望同学们在经过这件事后，吸取教训，不要因为一时糊涂，给自己人生的白纸涂上黑点。

"虽然这张白纸上有了几个小黑点，但这张纸是不是就没用了呢？不是的，这张纸还是有用的。我们对待人也一样，不能只看到别人曾经的黑点，也就是缺点，还要看到别人的优点。我们不能因为一个小黑点，而把整个人给看扁了。要知道，人无完人。知错能改，善莫大焉！对吗？既然同学以实际行动认错了，我们就要给认错的同学改正的机会。要看到同学的好，不能老是盯着人家的黑点，好吗？"

在一片叫好的鼓掌声中，心理辅导课收到了预期的效果。

聆听手记

我们必须认真地对待小学生顺手牵羊的行为，及时进行矫正，既要保护失主的权益，追回损失，又要正确引导、教育偷窃者，使其改邪归正，悬崖勒马。然而，要想做好这项工作并不容易，因为我们面对的是活生生的学生。他们有个性，有情感，有思想，光靠严厉的批评、责骂、惩罚是不够的，必须走进他们的心灵，才能有的放矢地教育。

拿别人的东西或自己家的东西，且说不出理由的学生，情感通常比较混乱。也许是因为缺乏关爱而寻求刺激体验，也许是因为缺少教养将拿东西当成"勇敢"，也许是因为缺乏物权观念。不管是哪种情况，老师都应了解这类学生的心理需求，用合适的方法引导他们用正确的方式满足心理需求。类似责罚和打骂这种简单而粗暴的处理方式反而会刺激学生，导致其偷拿的行为不断恶化，后果不堪设想。

13 爱打架的男生
——如何应对儿童攻击性行为

这天我刚跨进心理辅导室的大门，一阵急促的电话铃声就响了起来。“老师好，我是一个小学三年级孩子的妈妈。孩子的老师给了我这个号码，我觉得像抓住了救命稻草一样。您一定要救救我，救救我儿子！”

我感觉到了电话那头那位母亲的焦急、哀怨、无助和绝望。“发生了什么事？我有什么可以帮到你的吗？”

“我儿子 11 岁了。自开学以来，我已经接到了学校很多老师的电话，说他总喜欢招惹同学，捏别人的脸，破坏别人的文具，用笔涂同学的衣服，骂人。每次把他带回家后，我总是狠狠地批评和教育他，让他签下保证书。反正各种办法都试过了，可是他往往只是好两天，过后一切照旧。有几次，他爸爸实在忍无可忍地打了他，打得很凶。我三天两头去学校，听老师描述他的种种恶行，听老师对他一通训斥。昨天我又去了学校，这次老师告诉我，我儿子在数学课上睡觉，老师走到他身边轻轻地敲了一下桌子，他竟然腾地站起来，骂了老师一句。下课时，老师想带他去办公室，结果他反手打了老师一巴掌，还一副若无其事的样子。他把老师气得脸色发白，浑身发抖。我听了，简直是晴天霹雳啊！小小年纪，他怎么这么暴力！我真的要崩溃了！老师，我儿子是不是心理变态呀？求您帮帮我和我的儿子。”

凭借多年的工作经验，我判断，这个男生具有攻击性行为障碍，需要立即干预和辅导。于是我和这位妈妈约定，我和她儿子面谈一次。

第二天我在心理辅导室见到了这个小男生。他咬着嘴唇，一言不发。

我笑着对他说："很高兴认识你。你喜欢画画吗？"他点点头，脸上露出了一丝微笑。

我递给他一张 A4 纸和一支 2B 铅笔，让他坐到书桌旁，温和地说："你就画一张有房子、树和人的图画吧！想怎么画就怎么画。"他很听话地拿起笔，刷刷刷地画起来。他很快就画完了。我接过纸仔细一看，发现房子画得有点儿怪：房门是关闭的，没有窗户；房顶的烟囱冒着浓烟；树干很粗，且有一道疤；房子前面画了一个人，没有耳朵，头发不多，而且都是直直地竖着的；房子右上角画了一个太阳，光芒四射。

用房、树、人投射心理知识来解读这幅画，可以清晰地观察出这么几个问题：

笔端用力，将树干涂抹得很黑，说明他的行为控制力差，易冲动。

冒着浓烟的烟囱，说明他内心积压了很多愤懑，需要一个出气筒。

树上有疤，说明他的心灵曾经遭受创伤。

把人的头发画得竖起来，没有耳朵，说明攻击性强，心理逆反。

太阳意味着他需要温暖、关爱，可能更需要爸爸的爱。

我一边快速整理这些信息，一边和他聊了起来。

"你画的太阳真好看。"

"嗯，太阳给人带来温暖！"

"你喜欢爸爸妈妈吗？"

"不喜欢，尤其不喜欢爸爸。他总是打我，以前还打妈妈。爸爸喜欢妹妹，总说妹妹乖。"他倔强且不满地说。

"你喜欢妹妹吗？"

"不知道。爸爸以前也喜欢我的，有了妹妹以后就不喜欢我了，经常骂我，打我。"他好像有点儿委屈，也有点儿无奈地说。

"你为什么把头发画得那么直呀？"我指着画问。

"动画片里的英雄都是头发竖起来的。"他语气肯定地说。

七八分钟后，我让父亲带着儿子暂时离开了心理辅导室。我和孩子的母亲聊了起来。她刚一落座，就泪光闪闪，说得最多的一句话就是：“作孽啊！我怎么这么命苦！”我安抚了她的情绪后，询问了孩子的成长经历。

她说：“我儿子很聪明，反应也很快，但动不动就发脾气，摔东西。我和他爸爸在这个城市打拼的时候日子过得很苦，经常挨别人的白眼。他爸爸对他抱很大的希望。可是儿子越大越不争气，一天到晚惹是生非。我们不在家的时候，他还会打妹妹。我们知道棍棒底下无孝子，可是我们不能看着他一天不如一天哪！儿子说老师不喜欢他，对他有偏见，有些事明明是同学的错，可是老师总偏袒别人，问也不问就认为是他做的坏事。”

我理清了男生的问题所在，从家庭关系、个人性格方面找到了攻击行为的发源处。男生好胜心强，性格倔强，情绪不稳定，行事冲动。他父母总是打骂他，疼爱妹妹，导致他在心理上产生了很严重的挫折感和自卑感。而且，随着年龄增长，心理失衡感、失落感变得越来越强烈。他通过和父母对着干，通过不断实施攻击行为获得暂时的心理平衡。总之，他在家常受父母打骂训斥，缺少温暖关怀；在校屡遭轻视，甚至歧视。在自身不良心理品质的作用下，他产生了极强的自卑和不满的情绪。为了获取暂时的心理平衡，他敌视一切，并以侵犯行为来获得宣泄，寻求自尊、自信。

在接下来的谈话中，我重点对这位母亲的家庭教育理念做了辅导，引导她调整育儿观念，拒绝家庭暴力，以使亲子关系变得更加和谐，构造一个平等、关爱的家庭环境。孩子并不是父母的附属品，他有获得平等和尊重的权利，歧视、挖苦和打骂等言行都将给孩子幼小的心灵打上扭曲的烙印，关心、关怀是孩子成长过程中一种正常和重要的心理需要。家长的言行举止是孩子模仿的对象。家长的打骂会强化孩子的攻击行为，成为孩子攻击行为不断发展的催化剂。

我向她推荐了代币制行为疗法，帮孩子杜绝攻击行为。家长与孩子用“代币制”订立合同，培养孩子在家庭里的良好行为，并以此为基点把适应性行为迁移到学校等其他环境中。

送走了这家人后，我拨通了男生班主任的电话，建议班主任通过团队活动努力让这位男生融入平等、友好、互助的班集体中，以帮助他重构和谐的人际关系。同时努力创造条件，采用小步走的方法，让他不断地获得肯定，帮助他树立积极的自我价值观。

在学校心理辅导方面，我主要采用行为疗法、奖励法以及厌恶疗法辅导他。

经过半年的辅导，在各方的努力下，男生的攻击性行为大大减少，能做到与他人和平共处了，有时还能为别人提供力所能及的帮助，这显示辅导已经收到良好效果。

聆听手记

攻击性行为是指攻击者基于敌意、憎恨以及不满等情绪，对自身或其他目标采取的破坏性行为，包括言语攻击和身体攻击。

儿童的攻击性行为是一种习得行为。儿童通过对攻击性行为的观察学习或者直接学习受到强化而习得。可见，父母的身教对孩子的心理发展起着重要作用。在学校层面，老师要多一点儿宽容和表扬，少一点儿指责和排斥，并且积极和家长合作。唯有如此，问题儿童才会得到切实的帮助。当然，由于对孩子问题行为的矫治需要一个长期的过程，因此，在心理辅导中我们不能急于求成，必须以“大目标，小步子”为原则，采取渐进的方式，促使问题行为不断减弱、减少。

第3辑

构建和谐的人际关系

本辑呈现了小学生在同伴交往、亲子交往和师生交往中的困惑。从中可以看出，小学生对人际关系的处理情况，直接关系到学习效率与生活质量。和谐、温馨的家庭关系会使学生感到港湾般的安全、宁静，老师的关怀备至、语短情长，或随和或慈祥或耐心的言行，会让学生有春风拂面之感，同伴的帮助和扶持会让学生感到生活的温暖。

1 交友要讲究门当户对吗
——如何引导学生正确交友

这天中午，我匆忙吃完午饭就到了心理辅导室等候预约咨询的一对母子。刚把屋内物品整理了一下，就听见有人敲门，我打开门，见到了他们。

“你好，我是小峰的妈妈。”一个穿着一身职业装的女人和一个小男生站在门口。

“你好，请进！”说着我让他俩进了屋。

“这是我儿子小峰。”她指着身边的小男生说，“儿子，快叫老师！”

“老师好！”小峰乖乖地叫了一声。

我观察了一下小峰，他看着挺机灵的，就是瘦弱了一些。我刚招呼他们坐下，小峰的妈妈就迫不及待地说起了孩子的情况：“小峰近来总是不想去学校上学，问他原因也不肯说。”

我问小峰：“是这样吗？我很好奇，你为什么不喜欢上学了？”

小峰看了他妈妈一眼，没有回答。

“有同学欺负你吗？”我试探地问。

他把头埋得低低的。

“老师问你呢，快说啊！”小峰的妈妈忍不住了，催促道。

我把小峰妈妈拉到一边说：“要不你先到隔壁休息室坐一会儿，我和小峰单独谈谈。”

小峰妈妈看了儿子一眼，转身走出了心理辅导室。

“现在你妈妈出去了，你有什么话能和老师说吗？”我问。

他四处张望了一下，确认妈妈确实出去了，才小声地说：“学校里没意思，没人可以一起玩。”

“小朋友为什么不和你玩呢？”我以为他被同学孤立了。

“不是，是妈妈不让我和他玩。”小峰委屈地说。

“他是谁啊？”我低声地问。

“他叫小利。从幼儿园开始我们就是同学，现在还在一个班里。”小峰一边绕着手指一边说。

“你妈妈为什么不让你和他玩？”

“妈妈说他读书不好，我会被他带坏的。”小峰说完又朝门口望去。

“那你自己的想法呢？”

“我也不知道。我和小利从小就是好朋友，我们在一起时玩得很开心，可是妈妈的话我又不能不听。”他显得很委屈。

“那就是说，你也很矛盾，不知道该不该交小利这样的朋友？”

“是的。”他使劲儿地点点头。

我说：“我们先来做个游戏吧，或许这个游戏能够帮到你。我们现在要用一种技术，帮助你更清楚地感受自己的内心。我们会用两把椅子分别代表矛盾的双方，你坐在哪把椅子上，就要说出理由，直到把心里话全部说完为止。你愿意试试吗？”他同意了。

我搬来两把相同的椅子，在一张椅子上写了“NO”（“不”）的标签，代表不与小利交朋友；在另一张椅子上写上“YES”（“是”）的标签，代表继续与小利交朋友。然后，我告诉小峰把两把椅子面对面放好，它们之间的距离由他自己决定。

我对他说：“现在请你选择一把椅子坐上去，把标签拿在手里。”

小峰先选择坐到带有“NO”标签的椅子上，并把标签拿在了手里。

我坐到了两把椅子中间的辅导老师的座位上。

我对他说：“请闭上眼睛，在椅子上保持舒服的坐姿，注意自己的呼吸，慢慢地深深地吸气，缓缓地吐气，全身放松，在心里想着标签，想出全部的理由来证明自己的选择是有道理的。你想好了就可以说话了，对着

‘YES’标签的椅子说出你所有的理由。”

小峰说：“老师说我自控能力比较差，容易在不完成作业的情况下就跑出去玩。妈妈说小孩子交朋友，也要讲究门当户对。我经常跟小利去吃路边摊的东西，不卫生。我们一起玩，有时我写作业会拖拉，也会有小摩擦，偶尔还会打架。我和他一起玩时常把妈妈的话当耳旁风，惹妈妈生气。小利来我家，妈妈就会不高兴。妈妈害怕我受到他的不良影响而走弯路……”

我一一记录下他说的话，用余光看他，不和他有任何交流，以免影响他。

当小峰示意将全部理由都说完后，我让他坐到贴有“YES”标签的椅子上，把“YES”标签拿在手里。

我让他做一个深呼吸，放松下来，整个身心都沉浸在想“YES”的理由中，想好全部的理由就可以说出来。

小峰照做了后说：“其实，和小利交朋友，没有妈妈想得那么糟。小利也有很多优点。小利头脑非常灵活，画画很棒，我可以听他讲著名画家的经典作品，学到课本上没有的知识；小利心胸宽广，不计较，不记仇，很有爱心；小利为人很仗义，也很想跟我做朋友。我的拖拉毛病跟他没有什么关系，是我自己太贪玩了……”

说着说着，小峰突然说知道自己该如何选择了。

通常我不鼓励来访者仓促地做出选择，如果事情可以这么快做决定，也就不用专门进行心理辅导了。所以，我建议他再好好想一想，该不该交小利这个朋友，过几天再告诉我答案。他很开心地接受了我的建议。

“解铃还须系铃人”，为此，我也跟他妈妈做了交流。“成绩不是衡量一个孩子好坏的唯一标准。小峰和小利做朋友也不一定会被带坏，他们可以互相帮助，互相促进。你不让他和小利交朋友，他因此产生了巨大的心理压力，采取回避的态度，不愿去学校。”我严肃地对他妈妈说。

“是吗？有这么严重啊！”小峰妈妈吃惊地看着我。

“是啊！小峰的其他问题我会慢慢辅导。现在是你该先转变观念。”我向小峰妈妈建议道。

“我知道了，尽快改正。”小峰妈妈点点头。

聆听手记

孩子由于有相同的爱好、相似的性格而成为朋友，根本没有考虑会影响成绩之类的“严重后果”，这是儿童的天性使然，是纯真的友谊。如果家长阻止孩子的正常人际交往，不仅会伤害孩子纯洁的心灵，也会对其所谓的“差生”朋友造成心理上的伤害，无疑会破坏孩子之间纯洁的友谊。

孩子应该有自己的交际圈，应该有自我控制和独立思考的能力，不被伙伴的不良思想影响，这才是重要的。

当然，对缺乏自控能力的低年级小学生，家长应该在交友问题上对孩子予以指导，减少孩子和品行不良孩子一起玩的时间，必要时可以接送孩子，在课余和假日可以给孩子安排一些有益身心的活动，以淡化孩子对不良活动的印象。

2 坚强的学生
——如何引导学生应对创伤事件

这天，班主任齐老师快步走到我跟前："您在这儿太好了！又要麻烦您了。我们班有个男生这两天不对劲儿，以前上课很认真，学习也不错；现在上课就趴着发呆，不愿意跟同学说话，作业也不写。找他谈话他也只是礼貌地回应而已。我打电话给他爸爸，是他姑姑接的，说是他爸爸回老家参加他爷爷的葬礼，在回来的路上被车撞了。一周之内他爷爷和爸爸都去世了，他妈妈的情绪很低落，根本没心思管儿子……我听了心里很难过，我想孩子应该更难过。我现在应该怎么办？"

经过了解，男生小西的爸爸是中学老师，平时对儿子的教育几乎都是亲力亲为，父子俩感情比较深。他的妈妈是个普通工人，性格比较内敛。齐老师平常都是和小西爸爸沟通，和他妈妈交流极少。我请她分别征询小西和他妈妈的意愿，看他们是否愿意来学校心理辅导室与我谈谈。

小西在午饭后来了，敲门进屋后说："齐老师让我来找您。"

我看不出他有什么异样的表情，只是似乎多了一些与这个年龄不符的沉稳与冷静。从他的话语和神情中，我感觉到了淡淡的抗拒。

"你好，你是小西同学吧。听齐老师说，你是个很聪明、很认真的男生。她很喜欢你。"我起身拉过一把椅子微笑着招呼他坐下。

他咧开嘴，露出纯真的笑容："是吗？"神情也放松了下来。

"她没说最近我惹得她心烦吗？"

"心烦？"我故作惊讶，"发生什么事情了吗？"

"没什么。不想听课，不想写作业……"他露出不屑的表情。

“看来你一定遇到烦恼的事了！”我说。

“没什么，老师……”他有些欲言又止，眼眶有些湿润，“真的没什么……”他有意偏了偏头，也许是不想让我看到他眼里的悲伤。

“来，我们来玩沙盘游戏吧！”我领着他走进沙盘游戏室，“这里有很多玩具，你可以在沙盘里随意摆放柜子里的小沙具。”

“随意？”他抬头问我。

“当然。你想摆什么都可以，这是你自己的领地。”

他仔细地在沙具柜里上上下下、左左右右地打量和寻找，然后在沙盘左下角摆放了一张沙发，在沙发边上放了个站立的男人，又在沙盘左上角放了个女人，中间零散地放了两只狗，都背对着那个男人。整幅画面内容比较单调，右侧只放了几棵小草。

“你能和我说说你的作品吗？”我指着沙盘好奇地问。

“这是我。”他指着沙盘中的男人说，又指着那个女人说，“这是我妈妈。”

“为什么这个男人是你？你爸爸在哪里？”我问。

“他……”小西终于忍不住哭起来，“他不在了……”话没说完，他就如火山爆发般痛哭起来。

我任由他在这里安全、放肆地哭。从他的沙盘里，我看到了超出他本身角色的自己，看到了他妈妈和他家的狗都背对着他，感觉到他的防御和孤立心理。他的父亲已经去世三个月了，他竟然掩饰得这么好，没有让班里的同学和老师知道。我想他心里一定很悲伤、很痛苦，但都被他强行隔离了，所以，一直硬撑到现在。小小的肩膀承受了太多的东西，是该好好地放下了。好在右侧的小草说明还有生机，会带来生的希望。

他哽咽着说：“对不起，老师。”

我的心忽然被触动了，即便是在这样的情况下，他还在考虑我的感受。我心疼地抽了张纸巾给他擦掉眼泪，蹲下身对他说：“傻孩子，你很坚强，我很感动。其实，难过是很正常的，又有什么可向我道歉的呢！”

他侧过头用哭红的双眼看着我：“老师，我哭你还说我坚强？”

“当然啦，谁说哭就是软弱的表现了。对亲人的离开表达悲伤的情绪是一件很郑重、很必要的事情！否则人们为什么要参加追悼会呢？”

停止哭泣的小西又哀伤起来，边哭边说：“我没有参加爷爷的追悼会，也没有参加爸爸的。妈妈和姑姑都不让我参加……我不要爸爸离开我！我不要他离开我！是他不爱我了吗？”

我决定去小西家和他母亲做一次沟通，因为这个年龄段的孩子丧失了至亲，家人如何应对会直接影响孩子的情绪和行为。为了避开小西单独和他妈妈沟通，我特意选择在工作日拜访。

小西的妈妈一直低着头，说话声音也不大，情绪低落。

我告诉她，小西在学校的学习成绩因为他父亲的离世而出现明显下滑。她很惊讶，第一次把头抬起来看我：“为了不让他难过，不让他看到他爸爸被车撞之后的模样，我们都没让他参加他爸爸的葬礼。他一直表现得很平静，在家里都是他安慰我……”她的声音渐渐带了哭腔，开始小声抽泣，“以前一直都是他爸爸关心他的学习和生活。他爸爸文化水平高，是个老师。我就是个工人，上班时间又长……现在他爸爸突然这么走了，我也不知道该怎么办。有时候，小西就安慰我说他是个男人，以后他会照顾我的……现在是他姑姑来关心我俩的生活……可是，这……我……您刚才说小西在学校……那怎么办，怎么办？”她有些语无伦次，露出无助的神情，掩面痛哭起来，泪水从指缝中流淌而出。

“事情总可以解决的。”等她声音渐低我安慰道，“小西妈，你知道吗？其实，你的态度会影响到小西。他爸爸去世了，你不知道该怎么办。可是你想过小西的感受吗？他还是个孩子呢！”

她又是一惊地看着我：“是啊！那您说该怎么办……他还只是个孩子呢！”

“他现在就是因为不想让自己显得软弱，想让自己看起来像个男人，为了保护你和这个家，所以一直拒绝面对他爷爷和爸爸的去世。但是，只有勇敢面对、体验伤痛，他才可能迈过这个坎儿呀！其实，你们不让他参加他爸爸的追悼会只会延缓这个过程，也许还会给他带来更大的伤害。你们得教会他如何面对亲人离世。”

“可是，我自己都不知道该如何面对……”小西妈妈又小声抽泣起来，不停地用纸巾擦泪。

“一切都会好起来的。”我握住她的手，她的手很冰冷，“一定可以的。”

后来，我又约了小西的姑姑和妈妈一起来学校，商讨该如何面对小西父亲离世的问题。小西姑姑对情绪的处理比小西妈妈要理智和成熟，她可以帮助小西妈妈，给予她精神上的支持和鼓励。小西姑姑也经常邀请其他亲戚到小西家坐坐、聊天，缓解家里紧张而悲伤的气氛。当然，最重要的是家中亲友陪小西一起去了墓地祭拜他爸爸，并且让小西用自己的方式表达出他对爸爸的思念，用这样的仪式来处理哀伤，完成与亲人的离别。追悼表达了对死者的怀念、尊重，同时表示一个结束，更是新的开始。

在学校，我也约小西做了几次沙盘游戏。他的沙盘构图渐渐地少了先前的单调与凌乱，渐渐地有了秩序感和生命力。在一次次的沙盘游戏和交流分享中，我看到了他的内心变得越来越充实。虽然依旧没有他爸爸的角色，但是，出现了他的姑姑、好朋友甚至还有我的角色，这说明他已逐渐走出了他父亲去世的阴影，渐渐地重新构筑了他的世界。我从齐老师那里也了解到，小西在课堂上不再心不在焉了，那专注的样子真是让人既感到欣慰又觉得心疼！看来他妈妈是幸福的，有这么个小小的男子汉保护她。

虽然校园里的树叶已经凋零，一派冬日萧瑟的景象。但是抬头看，暖阳持续地散发它的光与热，一直温暖着人们。只要心中有暖阳，哪里会有寒冬呢！

聆听手记

儿童对创伤事件的反应取决于其年龄和心智发展水平。例如，在短暂的创伤事件中，年龄较小的孩子比年龄较大的孩子更容易受其父母应对创伤方式的影响。

如果他们的父母应对得很好，大部分低龄儿童就不会产生严重或长期的创伤症状。

在处理孩子丧失亲人的问题时需要注意以下几点。

第一，接受丧失，协助孩子体验失落。

第二，经历痛苦后走出阴影，帮助孩子界定并表达情感，明确正常的哀伤行为，提供安全表达哀伤的环境。

第三，适应没有逝者的生活，帮助孩子寻找情感平衡，探讨如何应对亲人丧失后的挑战。

第四，在精神上将逝者重新定位，帮助孩子重新探索自我，建立新的自我，持续支持孩子。

游戏治疗能够给予儿童探索与反映其内心世界的自由，还能帮助儿童获得控制感，用来抵制儿童在现实中因遭遇创伤带来的无助感。在游戏中，儿童更能接受和表达自己。在此基础上，儿童才能获得控制感。

3 在楼顶坐一夜的学生
——如何减轻家长的高期望对孩子造成的伤害

这天，在几声有力的敲门声响过后，班主任李老师推门而入。他眼里布满血丝，十分焦急地对我说："我们班有个学生需要做心理咨询。"

李老师是一名美术老师，平时总是悠然自得，有一种艺术家的气质，从他脸上很少看到这样的神情。"究竟发生了什么事？"我不禁心生疑窦。

"我们班的小辉昨天把我吓坏了！昨晚 10 点他爸爸给我打电话，说小辉从家里跑出去了，怎么找也找不到。我和他爸爸一起找了一个晚上，结果今天早晨小辉自己回来了，说在他们家那幢 13 层楼的楼顶上待了一个晚上。想起来我就后怕呀！"李老师说。

据李老师介绍，小辉生长在一个普通家庭，他的父亲是技术工人，母亲没有工作。他有一个患先天性心脏病的哥哥，不能剧烈运动，小学毕业就辍学在家了。于是他的父母把所有的期望都寄托在小辉身上，对他的要求也比较严格。可是他的表现却一直不能让父母满意，每天的作业都不能按时完成。父子俩经常为作业的问题起冲突，昨天是冲突爆发得比较激烈的一次。

看着李老师那布满血丝的眼睛，我真切地感受到这个七尺男儿心中的恐惧。小辉一个晚上独自待在 13 层楼的楼顶上，万一有个三长两短，那后果真的不堪设想。小辉的情绪状况究竟如何？他是否真的存在自杀的风险？没有太多的时间思考，我要马上见到小辉才能评估危险的程度。

坐在我面前的小辉，既没有预想中的悲伤，也没有明显的愤怒，只是带着一丝倔强，低头不语。

“小辉，昨天你爸爸打你了？”他点点头，没有说话。

“你跑到楼顶上待了一个晚上，在想什么呢？”

“老师，您是不是怕我跳楼？我当时真的很难过，不想回家，不想让他们找到我。不过，我没想过要从楼上跳下去，那太可怕了。其实，我是待在楼道里的，没有到楼顶上去。”他很认真地看着我说。

他真是个聪明的孩子，早就知道我在担心什么。看到他说话时的神情，我的心放了下来。他昨晚的冲动更多的是对他父亲的一种示威，并没有自杀的想法。

“你很生你爸爸的气？”我关切地问。

“我讨厌他。他根本就不爱我！”他的声音一下子提高了，接着是一阵抽泣。

我拿起纸巾，蹲在他面前帮他擦眼泪，继续追问：“为什么觉得你爸爸不爱你？”

“他从来不表扬我。我作业做得不好，他还打我。我最讨厌他按住我的头磕在桌子上，很疼。他越让我快做，我就越不做。我也不喜欢和他说话。”他愤愤地说。

原来，小辉在家里的学习一直都是他父亲督促的。很明显他对他爸爸的管教方式非常抵触，做作业速度很慢，有些消极抵抗的味道。

在我的邀请下，小辉以“我的家”为主题摆了一个沙盘。在沙盘中，他用一个拿着枪的警察代表他爸爸，用一只愤怒的小怪兽代表他自己。两者距离很近，形成一种对峙的状态。他用一艘船代表妈妈，离小怪兽比较近，但似乎随时准备远航；用一个泡泡龙代表哥哥，在自娱自乐，似乎和家里的事情没有任何关系。从他摆的沙盘来看，小辉和他父亲的关系既十分亲密又比较紧张，母亲对他来说是一个温馨的港湾，却不够安全，不能给他安全的依靠，而哥哥似乎是一个被遗弃的角色。

这个家里压抑着恐惧和怨恨，爱不能自由流动。在这样的家庭系统中生活的孩子情绪是不会健康的。要打破这个僵局恐怕得先从他父亲入手，只有改善父子的互动方式，调整家庭结构，让恐惧和怨恨得以消解，小辉的情绪状态才会有所改善，学习效率才会随之提高。

于是，我请班主任李老师帮我把孩子的父亲约来面谈。

小辉的父亲到我办公室时已经是下班时间，他一脸疲惫，表情严肃，和小辉摆的沙盘中的警察形象的确有几分神似。提到小辉，他满面愁容地向我倾诉了心中的苦闷："老师，其实我真的是很辛苦。我这个人做事认真，在单位工作也是一丝不苟的，没有哪个领导会说我一个'不'字。回到家已经很累了，吃完饭，我就陪他做作业。我爱人没有文化，大儿子又有先天性心脏病，我所有的希望都放在小辉身上了，可他真是不争气呀！"

他的焦虑情绪弥漫了整个房间，他眉头紧锁，牙齿咬在嘴唇上，全身紧绷，我顿时觉得压抑极了。孩子对父母的情绪是十分敏感的，他们会不自觉地为父母的情绪负起责任。按照小辉父亲的期望，小辉似乎需要成为这个家庭的救星，可是一个才上小学三年级的孩子怎么能扛起这副重担！每天生活在这样的氛围里，难怪会走极端。

"如果小辉不能给你希望，这个家就没有希望了。你的爱人和小辉的哥哥，包括你自己都不能给自己希望，是吗？"我进一步澄清。

"或许我一直就是这样认为的，从来没仔细想过。"小辉的父亲沉思了片刻继续说，"看到他成绩不好，看到他不够努力，我对他甚至有些恨意。"

"恨他为什么不能给这个家带来一丝光明？"我追问。

"或许恨我自己太无能。"这个男人的眼里露出了一丝忧伤，我的话终于引发了他的内省。"我不知道大儿子为什么有这种病。我没有任何办法，也不知道谁该为这个结果负责。我和我爱人没有为此争吵过，但一直过得很压抑，有一种说不清楚的感受，像什么东西一直堵在心里。直到我们有了小辉，我把全部希望都寄托在他身上。不管上班有多辛苦，我没有一天放松过监督他学习。"

大儿子的病对这个男人的打击很大。他对自己和爱人都有些怨恨，但理智上又知道怪罪爱人是不合理的。他是一个过于理性的人，不能容忍一个男人会恐惧、无奈，不允许自己流露出脆弱的情感，于是他把这种感情压抑在心中，也忽视了爱人和大儿子的真实感受。他用一种漠视的态度，以一个坚强父亲的形象维持这个家庭关系的平衡，结果造成的却是夫妻间、父子间的隔离状态。

“所以在某种程度上，小辉承担了你所有的情绪。我能感受到你是一位很负责任的父亲，一直为这个家而努力。可是，你似乎忽视了和爱人、儿子的情感交流。你很爱小儿子，可他却感受不到，他体会到的是不断的否定和要求；你很在乎爱人和大儿子的感受，于是不表达你的失望或是愤怒，可他们多半只感受到你的忽视，说不定还因此觉得很伤心。”我在共情的基础上继续帮他澄清他的感受。

我的话让他重新陷入沉思，他的眼神中有一丝落寞。

“可是，我能怎么办呢？”他依旧眉头紧锁，一脸迷茫地看着我。

“你或许该换一种表达爱的方式。现在的方式效果明显是不好的。”我看着他，直截了当地说。

“老师，您说吧，我该怎么办？我愿意去尝试。”他语气坚定地说。

我建议他将管理小辉作业的责任交给大儿子和小辉的母亲，相信他们足以应对小学三年级的作业内容。如果他们遇到解决不了的问题，他可以为他们提供帮助，但不要直接干预他们和小儿子互动。他就负责在小辉学习累了的时候陪小辉玩，踢踢球，散散步都可以。重要的是玩的时候要注意以小辉为中心，玩什么、怎么玩都由小辉来决定，不要对小辉做指导和说教。

小辉的父亲接受了我的建议，说他会努力做出调整，重新设定自己在家中的角色。这样的调整不会一蹴而就，但只要他愿意尝试，我相信会看到应有的效果。

一个月后，我在走廊上碰到小辉，他欣喜地和我打招呼。我蹲下来拉住他的小手，问他家里的情况。他说现在由他妈妈看他写作业了，由他爸爸陪他打乒乓球。看着他脸上愉快的神情，我知道他的父亲做出了努力。在这个家庭里爱开始流动了，阳光驱散了乌云。

聆听手记

小辉的父母心中有个不能触碰的心结，那就是大儿子的先天性心脏病。他们采取回避的态度对待内心的感受，把全部期望都寄托在小辉身上。这是父亲不断给孩子施压的一个心理根源。按照小辉父亲的期望，小辉应该成为这个家庭的救星。但这对一个小学三年级的孩子来说，几乎是难以承受的压力。小辉会出现极端反应就不足为奇了。

尊重孩子，与孩子平等相处，培养孩子健全的人格，是家长在亲子教育中的首要任务。为人父母的首要任务，就是努力发掘孩子的天分，并尽力让孩子得到全面发展。在培养孩子的过程中，家长不要将自己未实现的梦想硬压在孩子身上。教育孩子不一定要花很多时间，但关键是要用心。比如，下班后给孩子一个拥抱，或者每周末带孩子去公园玩玩，有质量的亲子时刻更容易给孩子一个快乐的心情。父亲给孩子最好的礼物就是好好地爱孩子的妈妈，创造一个温馨、轻松的家庭氛围。只有这样，孩子才能感受到来自父亲的浓浓的爱意。

4 好爸爸、坏爸爸
——如何引导学生正确应对家长出轨

学校的布告栏里张贴了这次作文竞赛的获奖名单，却没有找到竞赛得奖“专业户”小倩的名字，我感到有点儿意外。正好遇到她的班主任、语文老师石老师，于是我问：“石老师，你们班的才女小倩怎么没得奖啊？”

“别提了，提起来就让人生气。”石老师说道。

“怎么了？小倩没参加竞赛？”

“参加是参加了，可是交了一张白卷。”石老师耸了耸肩回答道。

“命题很难吗？什么题目啊？”石老师的回答让我更加感到奇怪了。

“题目是‘我的爸爸’。”

“很老套的题目啊！怎么会难倒小倩呢？”我充满疑惑地问。

“不知道。小倩最近有点儿怪怪的，情绪不太稳定，成绩也退步了。”

“是不是家里有什么状况？要不你让她来我办公室，我找她谈谈？”

“好的。我让她午休的时候过来。”

午饭后，我在走廊上遇见了小倩。她问：“老师，您找我？”

“是啊！来我办公室坐坐吧。”我笑着点点头。

到了办公室，我问道：“小倩，最近家里是不是发生了什么事？”

她听到我的话愣了一下，下意识地回答道：“您怎么知道？”

“你最近的表现告诉我的啊！”我递给她一杯水，“我在作文竞赛的获奖名单里没有看到你的名字。听说你交了白卷，告诉我是怎么回事。”

“这个题目我写不出来。”她的表情看上去十分委屈。

“题目不难啊！朱自清的《背影》你还是读过的吧！”说实话，我不相信她会写不出来这篇作文。

“不是题目难，而是我不知道我爸爸是好爸爸还是坏爸爸。”她说。

“你爸爸怎么了？”

“最近爸爸不回家了。听妈妈说爸爸有了别的女人。”她的神情很忧伤。

这话让我一时语塞。这个话题对一个12岁的女孩来说太沉重了，我想回旋一下：“这种事情是你父母的问题，应该由他们自己解决，你不应该牵涉进去。”

“如果我是一个男孩，爸爸就不会不回家了。”她自责地说。

“你怎么会有这样的想法？这事与你是女孩还是男孩没有关系吧！”我真不知道她是怎么想的。

“有关系。妈妈说爸爸喜欢男孩。”她伤心地说。

“是吗？”我心里却犯起了嘀咕，“这些负面的情绪和想法都来自小倩的妈妈，看来要了解一下她妈妈的情况了。”于是，我问道：“你是怎么看待你妈妈的？”

“有时候看她挺辛苦的，又要上班又要管我。有时候想想要是她能管住爸爸，爸爸也不会不回家，心里有点儿恨她。”小倩皱着眉头说道。

“和你妈妈交流过你的想法吗？”

“没有。最近她心情不好，经常发脾气。”小倩显得很无助。

“要不我找你妈妈谈谈？”我真的很想帮助她。

“嗯，您的话她一定会听的。”小倩猛地拉住我的手，眼神里透出期盼。

“不过话又说回来，父母的问题毕竟要父母自己解决，你的问题也要你自己解决。”我一分为二地说道。

“我知道的。”她点点头。

看着她稚嫩而又忧伤的神情，我心里不禁生出一丝感慨：成年人世界里的一些东西，真不该过早地袒露在一个孩子面前，给处在美丽花季的少女心中留下了一丝阴影。我们约好第二天中午做心理辅导。

第二天中午，小倩如约而至。在心理辅导室里我先让她玩沙盘。她不停地把物件放上去，拿下来，又放上去，又拿下来。折腾了将近十分钟，都没有摆出一个完整的画面，沙盘里全是交错混乱的痕迹。我鼓励她："别着急，慢慢来，你可以把手放在沙子上，感受它，让心里的感觉涌出来。可以任意选择沙具，凭自己的感觉想怎么摆就怎么摆。也许你会在某些沙具上找到一些感觉，也许你可以用这些沙具表达出你的内心感受。"

可能是我的安慰和鼓励起了作用，小倩紧张不安的情绪得到了缓解。她先用双手在沙盘中心挖了一条很宽的"河"，可是河里没有水。这条河又仿佛是一道沟，把她的沙盘割裂成了两部分。河的右岸，有一对正在激烈争斗的男女；河的左岸有一个小女孩挥舞着拳头，面向那两个成年人；和小女孩并排站立的是七个小矮人，他们朝两个成年人瞪着眼睛，感觉他们要保护小女孩，而那两个成年人是背对小女孩的。小倩摆放的沙盘在很多细节上反映出她内心非常缺乏安全感，渴望沟通。比如，她在沙盘里摆放了围住院子的栅栏、挡在门口的树篱、有威慑作用的两根大柱子、很多房子、宝塔、亭子、六座大小不等的桥等。看来，家庭矛盾给她带来了无尽的烦恼和压力。

我通过沙盘游戏、认知调整等方法，帮助她更好地面对家庭矛盾，表达自己的诉求。渐渐地，她的脸上露出了轻松的笑容。

至于小倩不知该如何与她父亲相处，不能接受她父亲的缺点与错误的问题，我则借鉴了神经语言程序学的辅导方法，向她做了解释："没有人是完美的，你自己不是，也不应要求你爸爸是完美的。他有坏爸爸的一面，是否也有好爸爸的一面呢？请闭上眼睛，想象一下你爸爸就站在你的面前，你能清晰地感受到他的存在吗？他穿什么样的衣服，有什么样的表情？"

小倩回答："他穿着西装，表情有点儿严肃地看着我，好像很讨厌我。"

我说："想象一下，用电脑技术里的触屏显示器，把他一分为二——在爸爸形象的左边，分出一个较小的、颜色较暗的爸爸出来。"

小倩说："哦，我试试。"

我说："请你跟着我一句句地说，看着你爸爸的形象说：'你是我的爸爸，我是你的女儿。我并不完美，也接受你不完美的事实。我现在想把妨碍我们交流的因素消除掉，使我们更亲近，关系更融洽，沟通更有效。’现在，你把不能接受的爸爸的错误，从右边的爸爸处搬到左边的较小、较暗的爸爸那边，并逐一把你不能接受的爸爸的所有错误都搬到左边。”

小倩说：“哦，我再试试。”

我说：“把左边的爸爸向更左边移动、推远，缩小他的形象，使他变得更暗、更模糊，放到不影响父女俩关系的位置上。”

小倩说：“好的。”

我说：“你看着右边的爸爸，他能够帮助你，爱护你，同时没有了你不能接受的缺点、错误，只剩下对你有帮助、爱护你的优点。你慢慢地修正爸爸的形象，让他变得更高大、更清晰，颜色更鲜明。然后，把爸爸拉近到一个你感到舒服的位置，对他说：‘爸爸，我爱你。’”

小倩按照我的引导一步步进行，流下了眼泪……我们在心理辅导时还就小倩如何正确看待父母之间的矛盾和父亲离家出走的问题进行了讨论。我告诉她：“你有权向父母表达自己对父亲有外遇这一情况的不满和愤懑。但是，你个人无法决定整个家庭的走向。”我建议她首先要学会摆正心态，正确看待父亲离家的事，平时有时间可以跟父亲打电话联系，用委婉的方式表达自己对他离家可能会导致家庭破裂的担忧，促使他回归家庭，让他感受到女儿的关心。

聆听手记

夫妻双方有一方因有外遇而离家出走，这对家庭里的其他成员来说都是一个沉重的打击。尤其是孩子，在父母一方因出轨而离家出走后的较长一段时间里，很需要进行心理干预，直到孩子能够走出来。心理辅导的作用是帮助孩子接受现实，适应新的状态。这种父母之间的问题需要由他们去解决，与孩子并没有关系。老师要帮助学生明确这样的观念，引导学生更多地关注其父母的优秀品质，体察父母对孩子的关爱之情。即使最后父母选择分开，但他们对孩子的爱依然存在。

5 翻窗进入教室的学生
——如何帮助被“放养式教育”的学生

“最近我被孩子的家长群搞得要崩溃了。”同事前来求助。

“为什么？”我不解地问。

“因为我家孩子比较有个性，行为表现与老师的要求不符，所以，常常引来老师的批评、同学的排斥，还有家长在群里的炮轰。我真的不明白，为什么会这样？孩子错在哪儿？我们家长又错在哪儿？如果一直这样下去，我就要崩溃了，孩子也会绝望的。我真心向您求助，希望您给我指点迷津。”同事说着，眼泪充满了眼眶。

“你不要着急，我们一起来看看，事态到底是如何发展到今天这一步的。”我一边安慰她，一边思考她儿子的特质。

“我首先想知道，老师都批评了孩子什么？同学们为什么排斥他？家长群里又炮轰了一些什么？”我冷静而理性地问。

“老师说我儿子不遵守规则，不听老师指令，上课不走教室门，而是从窗口翻入的。同学们说他下课总是喜欢追逐同学，拉扯同学的衣服，推搡同学的身体，好几次还把小个子同学扑倒在地。家长群里说班里有这样的学生，他们不放心，呼吁让这样的孩子尽快转学！”同事几乎是哽咽地说。

“看来问题有点儿复杂，你和孩子都经受了压力。目前的情况，你与班主任交谈过吗？你在家长群里发声了吗？如果你认为其中有误解，就应该去做一些澄清呀！”我提醒道。

“他们说的有些真是事实，但我不明白为什么我儿子与别人家的不同，我们在哪些地方做得不对，以后该怎么办。”

“你不介意我与你儿子谈谈吧？我想听听他的感受与想法。”我问。

“我倒是不介意，但一个 7 岁的小男生能懂吗？能够表达清楚吗？”她担心地回答。

在征得同事和她儿子的同意后，我见到了同事的儿子。

“小朋友好，你叫什么名字？可以告诉我吗？”我热情地接待了小男生。

“您好，我叫俊俊。”他有礼貌地回答。

“俊俊，老师想知道你在学校开心吗？”我直奔主题地问。

“不太开心。老师常常批评我，同学们也不和我玩。”他真诚地答。

“老师批评你什么呀？是考试成绩不好吗？是学习不认真吗？是班级活动不积极吗？还是你对老师没有礼貌，对同学不友好？”我尽量把问题具体化，让他可以明白老师在哪些方面批评了他。

“我学习很认真的，成绩在班上也是好的，班级活动都参加，我对人是很有礼貌的。老师就是批评我不听指挥，捣乱。”他的思路还是非常清晰的。

“为什么不听老师指挥呀？”

“有时候，我觉得老师的要求没有道理，所以就不听。”他认真地回答。

交谈到此，我基本上了解了俊俊是一个智力正常、个性鲜明的小朋友，在学习态度和能力方面问题不大，主要问题是他有自己的想法，又不知道如何表达，如何与老师交流，在与老师、与同学的相处中存在误解。

“俊俊，我想知道，你上课不走教室门，翻窗进去是怎么回事啊？”

“我不是每次都翻窗进去的，有几次门被锁了，马上要上课了，再不进去就要迟到了，所以，我只能急中生智地翻窗而入。”他认真地回答。

“门是谁锁的呢？其他同学是如何进去的？”我追问。

“其他同学都早早地进教室了，等我准备进去的时候，发现门被锁上了。我不知道是谁锁的。”

“你翻窗进教室后，同学们和老师是怎么说的？”我想让他了解别人的态度和做法。

“同学们都哈哈大笑，老师很生气地批评了我。她说这违反学校纪律，让我做检讨。我觉得自己没有错，感觉自己为了上课不迟到，这样做还挺机智呢！”他委屈和不服地说。

“俊俊，老师说你下课喜欢追逐同学，有时还与同学发生推搡的情况，这是为什么呀？”我又提出一个新话题。

“我想组建一个恐龙战队，与奥特曼战队打仗，但同学们都喜欢参加班长组建的奥特曼战队。我没办法，只能去抓士兵，他们跑我就追，大个子同学抓不住，只能抓小个子同学，有时不小心就把他们推倒了。后来，同学见了我就逃，我见他们逃就追。老师就说我扰乱课间秩序，也是违反学校纪律的。”他很无奈地说。

在交谈中，我看到了他的天真与幼稚，也感受到了他的单纯与真实。到底是怎样的原因，让他成了老师眼中的问题学生、家长眼中的不良孩子呢？

我决定再与同事聊聊俊俊的成长经历。俊俊的爸爸是一位名校毕业的博士，妈妈是名校毕业的硕士。俊俊出生在这样的高知家庭，从小接受的家庭教育的主基调是自由、快乐。在他的成长过程中，父母给他充分的尊重和自由空间，俊俊做什么基本都被允许，没有指责，没有压力。放养式的成长经历，让俊俊富有个性，但不信权威，不守规则。学校要求学生在两分钟预备铃响起时，快速进入教室等待上课，而他认为没有必要，非要等正式铃声响时才进教室。平时缺乏与同学相处的能力，又有不服输的个性，所以，他强势地追逐同学“招兵组队”，搞得班级课间“鸡飞狗跳”。

“家长对小学生良好习惯的培养非常重要，俊俊学习成绩与能力不错，值得家长欣慰和骄傲。但学会自控、学会交往、学会合作都是孩子成长中非常重要的课题。我们对俊俊的培养需要做一个系统规划，以帮他从当下的困境中解脱出来。如果现在的环境、老师的态度、同学的关系、家长群里的议论对他的成长不利，那么换个学校重新开始也是一个办法。”我真诚地对同事说。

"谢谢你的开导与提醒，我回家后与孩子他爸再商量一下，为了孩子的健康成长，我们愿意付出与改变。"她平复了情绪，带着一份理性的思考与我告别。

聆听手记

在孩子的成长过程中，遗传因素、教养方式，成长环境的影响是极为重要的。遗传因素带有先天性，教养方式与成长环境却是家长后天创造的。孩子是单纯的，良好的家庭教育将他们变得更可爱；孩子是幼稚的，父母言行的熏陶让他们变得更成熟；孩子是无辜的，但父母不良的教养方式，会让他们留下终身的遗憾。

本案例中的俊俊，具备了良好的遗传条件，但还需要家长为其提供适宜的教养方式，优化和谐的成长环境。

对孩子的培养，家长和教师既要有尊重天性的宽容，又要有建立规则的严谨。没有规矩，不成方圆，过于控制则难以发展。应让孩子在有序、自主中学会服从和遵守，在自尊、自律中学会合作与竞争。

6 妹妹抢走了爸爸妈妈
——如何消除哥哥的忌妒心

一天，我刚进办公室坐下，就听到门外有吵架的声音：一个是暴怒的男生的声音，另一个则是尖厉的女高音，唇枪舌剑，甚是激烈。这会儿正是上课时间，不知是哪个调皮、捣蛋的男生把老师给惹火了。

下午，班主任张老师推门进来，一脸懊丧和疲惫。“怎么了？”我起身相迎，“你看起来脸色不好，发生了什么事？”

“我们班的靖杰竟然和数学老师吵起来了！闹得那个凶啊！我猜整幢教学楼都听到了，数学老师气得说在这个班里他们俩只能留一个。你说我该怎么办？”张老师说着，眼神中透出落寞与无奈。

过了一会儿，她提高了音量：“靖杰以前活泼好动，成绩在班里数一数二，虽然有些调皮却也懂事理，没有和老师起过什么大冲突。但三年级下半学期的尾声，他几乎天天闹事，上课故意捣乱，你看今天……”她的音量又渐渐低下去，无助地说，“你帮我做做这孩子的工作呗！”

这段时间她就像消防员一样整天协调靖杰与数学老师之间的关系，焦头烂额、精疲力竭。她和靖杰的家长联系过了。靖杰妈妈生了个小妹妹，之前靖杰会逗逗妹妹玩，可最近家长发现他总是趁他们不注意就掐妹妹的脸，抢妹妹手中的玩具或者把她推倒，总之就是要把妹妹弄哭。靖杰的爸妈现在也因为生女儿这件事有点儿后悔，但又有点儿不知所措。

我同意帮张老师的忙。第二天中午，靖杰来到了心理辅导室。我一看，他大大的眼睛，睫毛忽闪忽闪的，竟有点儿像娃娃。

“你就是靖杰吧，快进来。”我热情地招呼他坐下，心里想着这个小家伙竟能把数学老师气得暴跳如雷也真是不简单呢。

“你就是把数学老师气得跳脚的靖杰吗？”我笑着打趣道，“你俩不是同一个人吧？”

他不好意思地笑了笑：“是同一个。”

“发生了什么事啊？听起来你好像也很生气啊！”我试探着问。

“您也听到了？”他瞪大了眼睛，“不会吧……”

“怎么了？”我笑着继续说，“不好意思？还是……”

“那……反正您都听到了，就不用我说了吧。”

“哦，那你能说说当时的心情吗？”

“不！高！兴！还能有什么？老师，您不知道数学老师有多夸张！我什么事都没做啊，她冲上来就一把把我拽下座位，我一屁股就摔地上了！全班同学都哄笑起来，别提有多丢人了！”他嘟囔着。

“哦，原来是小帅哥觉得丢人了呀！好吧，那让我猜猜你的‘什么事都没做’是一个什么样的状态……”我看着他的眼睛说。

他有些不好意思地低下了头：“我只是和边上的同学玩游戏。我们没有发出声音，没有影响其他同学。”

“哦，是吗？我不想和你就这件事争辩，但是，如果你没有打扰课堂秩序，没有影响老师上课的情绪，认真听课，老师会发这么大脾气吗？”

他默不作声了。

“听说你妈妈生了一个可爱的妹妹。”

我注意到他的眉头皱了皱，之后又转变成不屑的表情：“可爱？可恶还差不多，烦都烦死了，一天到晚就知道哭。一哭，爸妈就又抱她又哄她。有什么了不起的，真是的！仗着爸妈宠她，动不动就哭，她一哭爸妈就骂我。要生妹妹干吗还要生下我！”他越说越激动，竟有些义愤填膺的味道。说完，他的眼眶有些泛红，微微湿润。

“呵呵，当然要生下你啦，你这么可爱！”我摸了摸他的头，“感觉爸爸妈妈更爱妹妹了，所以心里觉得委屈了？”

“没有！”他倔强地撇了撇嘴，抬手用手背擦掉刚流下来的泪水。

“只是有点儿难过，是吗？”我不再和他开玩笑，轻声地说道。

他发出了呜呜声，还含糊地夹杂了几句“都是她，都是她！爸爸妈妈不爱我了”“讨厌她，她抢走了爸爸妈妈”“我不要她！”

我递给他的纸巾瞬间湿了好几张。

等他的情绪稍稍缓和后，我说：“你的感觉没有错。可是你知不知道你在你妹妹这么小的时候，你爸爸妈妈也是这么全心全意地爱你、保护你的？只是你现在大了、懂事了，你爸爸妈妈不需要再像你小时候那样对你了。而你的妹妹还小，她特别需要爸爸妈妈的全力呵护。可能他们这样对待她让你觉得自己被忽略了，是不是？”他一边抽噎一边点头。

“我们来玩过家家的游戏吧！”我拿出了几个人物玩偶，“爸爸、妈妈、哥哥、妹妹，你要扮演哪个角色？”

他拿过小女孩玩偶说：“我要当妹妹。”

“好。你要记住哦，这时候的妹妹还不怎么会说话。我来扮演其他角色。”我嘿嘿笑着，准备以哥哥的身份欺负“她”。

“我要揪你的头发！”我拿着代表哥哥的玩偶扑过去。他立刻拿着代表妹妹的玩偶躲开了。我提醒他，妹妹的动作没那么快。他马上反应过来，“大哭”起来。然后我拿出代表爸爸妈妈的玩偶，和颜悦色地问代表妹妹的玩偶：“发生了什么事？”然后做出愤怒的样子对着代表哥哥的玩偶大吼：“靖杰，你又把妹妹怎么了？”

“哥哥听到这话的时候心里有什么感觉？他又是怎么做的呢？”我问。

“哥哥当然很生气啦！他明明没做什么。反正做不做都要挨骂，那还不如真的欺负妹妹呢！爸爸妈妈凭什么要对她特别关爱？”靖杰回答。

“所以欺负妹妹也不完全是哥哥的本意，只是他觉得爸爸妈妈不公平，对不对？”

“嗯。”靖杰有些犹豫地轻声回答。

“其实，哥哥心里的怨恨就出自这里。哥哥觉得自己不受重视，被大家忽略了，所以如果爸爸妈妈能够公平地对待哥哥和妹妹，哥哥就不会觉得自己被大家忽略，也不会欺负妹妹了。哥哥在学校里是不是也觉得老师不公平，需要做许多事情来让大家注意到自己的存在？”

靖杰这回没有说话，很安静地想了想，先摇了摇头，之后又若有所思地点点头。

送走了靖杰，我打电话联系了靖杰的爸爸。我把沟通过程告诉了他。

他很诧异，尤其是当我向他描述我们玩过家家游戏的过程时，我感觉到他有些哽咽。我想他完全没有想到自己不经意的态度对儿子竟造成了巨大的伤害，而儿子欺负女儿的举动是因为他和他爱人过度照顾女儿而忽略了儿子的感受。

我建议他们一定要和靖杰进行一次深入沟通，要向靖杰承认他们的过失，并说出他们心里的真实感受，包括他们对靖杰的爱，以及靖杰对妹妹这样的举动给他们带来的困扰。同时也建议他们今后要采取更公平的方式对待两个孩子，不能一味偏袒女儿责罚儿子，要更多地表达对靖杰的关爱，不能因为他年龄稍大就忽视他，他同样需要爸妈的爱。孩子的心都是非常敏感的，家长的一个小举动就会在他们的心里掀起巨大波澜。靖杰的爸爸表示一定会和他爱人讨论，并且一定会改变对两个孩子的态度。

聆听手记

当家长把精力过多地投入到第二个孩子身上，而忽视了对第一个孩子的关心时，会让第一个孩子有种被抛弃的感觉，同时容易将父母不再爱自己的责任推到弟弟或妹妹身上。

投射游戏能够让孩子理清自己情绪波动的起因，这对年纪较小的孩子来说是一种比较好的辅导方法。在本案例中，通过投射，靖杰发现造成自己情绪困扰的原因不是妹妹，而是爸妈对待两个孩子的态度及言行举止。因此，建议家长只有多让儿子参与照顾女儿的过程，做一些力所能及的事情，让哥哥更好地适应妹妹的存在，感觉到自己作为哥哥的优势和能力，才能逐渐接受新的家庭格局。

7 再见了，崩溃

——如何处理疫情期间的亲子关系

初春的一个下午，我坐在阳台上，沐浴着温暖的阳光，手里捧着一本书静静地读。这时手机铃声响起，屏幕上显示一个陌生的电话号码，我下意识地想拒绝接听，但是犹豫了一下，还是接通了。

“老师好，是学校的心理老师吗？”

“我是。请问你是哪位？”

“对不起，打扰了。”电话里的声音充满了歉意，“我是孩子妈妈，现在遇到了一些麻烦，可是在疫情期间找不到能帮助我的人，十分冒昧联系您，希望能得到您的帮助。”

“你遇到了什么麻烦事，能详细地说一下吗？”

“我女儿叫文文，今年 11 岁了，读四年级，算是个比较乖巧的孩子。可是自从最近在家隔离后，她就像变了一个人，脾气变得很暴躁，稍有不顺就大喊大叫。隔离期间出又出不去，家里就这么点儿空间，也躲不开她。我真不知道该怎么办了！”

“她在什么情况下发脾气？”我放下手里的书问道。

“大多数是我们和她意见不一致的时候。”文文妈妈说道。

“你能具体说说吗？”

“比如说昨天下午，我叫她整理一下自己的房间，她不乐意，不但没有整理，反而把衣柜里的衣服都拿出来，乱糟糟地堆在床上。”文文妈妈语气中带着无奈，“我再多说她几句，她就把家里的东西一股脑儿全搬到楼梯过道里。”

“你们有没有试着改变一下交流意见的方式？”我试探着问道。

“我试过用和风细雨的方式，可她当耳旁风一点儿都不搭理你；也试过用暴风骤雨的方式，她就用更极端的方式对抗我。”文文妈妈说道。

“哦？怎么个极端的方式？”我又问。

“我前天发现她的作业写得很潦草，就要求她重做，结果她就把所有要求她订正的作业撕了。”文文妈妈说道，“再这样下去，我真的要崩溃了。”

听完这话，我心里有些了然：“方便让文文接听电话吗？”

“老师，是我先崩溃了。我妈她太烦人了！”话筒里随即传来了小女生近乎歇斯底里的声音，“她不懂装懂，还喜欢胡乱指使我，整天在我面前唠唠叨叨的。我真受不了她！再这样下去，是我要崩溃了！”

“你是不是觉得妈妈管得太多？自己在尽力做好，但她总是不满意？”

“妈妈总是在我做事的时候问这儿问那儿的。我自己会找时间整理衣柜，但妈妈非要我那个时候整理，为什么呀？”

“除了崩溃，我们还有很多选择。妈妈对你的关心不仅是在心里，还表现在行为、语言和情绪上，只是表达的方式让你感到不耐烦，产生了情绪。若你掌握了与父母相处的技巧，你会发现，父母也会变化。

“首先让父母看到自己的行为或变化，让父母放心。父母管得多，说得多，主要是因为父母认为你还是孩子，对你放心不下，或希望你能做得更好。我们抱怨父母管得太多，但是作为沟通主体的我们，能做到主动与父母沟通吗？你要告诉他们自己的想法与感受，理解他们的要求与期待。

“请记住，任何一方的改变都会促进双方的改变，而抱怨、固执不变是没有用的。如果父母感到对我们足够了解的话，不仅不会干涉太多，还会为我们的成长而感到高兴，支持我们的行为。所以你要主动沟通，让父母看到你的变化，这点非常重要。”

“那我该从哪里做起呢？”文文问道。

“针对学习，我们可以主动与父母一起制订计划，并把计划写两份，一份贴在自己的书桌旁，另一份贴在父母能看得到的地方。这样，自己按照计划该学习的时候学习，该休息的时候休息，一目了然。当然前提是计划要合理，并要按照计划执行。

“除了学习，我们也需要给自己留点儿娱乐时间。正好现在不能外出，与父母有了相处的时间，我们可以与父母同乐。这样家人在一起不仅不会为了小事而争吵，还会非常开心。”

“那我可以跟爸妈一起做些什么呢？”

我说：“可以把自己掌握的有益的活动与父母分享，或者与父母一起做一些活动。当我们跟父母在一起活动的时候，父母高兴，我们也会随着高兴起来。也可以为父母做些力所能及的事。平常父母为我们做了这么多，我们也可以根据自身情况，在保障安全的前提下为父母做一些事。比如，做一些简单的家务，在爸妈做饭时打打下手。”

“谢谢老师。我赶紧把您的话说给他们听！”

我笑着说：“先别着急，让我跟你妈妈再说几句。”

文文妈妈接过电话后，我斟酌了下说道：“疫情期间，当面做咨询辅导不方便，但是我可以给你提几个建议，以后有什么问题再联系我。”

“太感谢您了。”电话里的声音充满了希冀。

“四年级的孩子有一定的自我管理意识了，也需要获得自我控制感。首先，家长要倾听孩子的想法，允许孩子规划自己的学习和生活。当孩子想自己写作业、上网课的时候，父母不要进入孩子的房间。因为不放心孩子，时不时去看孩子在做什么，不仅会打扰孩子，而且会让孩子产生严重的不信任感。家长应多站在孩子的角度想问题，尊重孩子的想法和意愿，相信孩子的选择，让孩子感受到父母对自己的关爱与尊重，以后才会真诚地向父母吐露自己的心声。

“其次，在接纳孩子的同时，明确自己的底线。有了良好的信任与沟通基础，孩子对父母的意见才有可能接受得更快。在学习方面，孩子应自己学习，父母不要干涉，但需要每天睡前抽出一定时间，看看孩子的学习效果。父母可以看着书，孩子背诵；也可以父母提问，孩子回答。但是在玩游戏方面，孩子希望父母不要管他，这个是绝对不行的。无论孩子怎么闹腾，父母绝不能妥协，要温和而坚定地坚守这一原则，相信孩子最终会接受的。

“最后，学会找出孩子的优点和闪光点。父母在检查孩子学习的时候，应尽量肯定和表扬孩子做得对的、做得好的方面。这样孩子才更愿意接受父母的参与。对孩子的各种行为，家长不能只看到不足，要多观察孩子，发现孩子的优点和特长，让孩子知道自己是有能力、有价值的，能够独立完成事情。孩子只有建立了自信，以后才会越来越好。

“疫情期间，孩子外出活动减少，不能和同伴待在一起，他们的负面情绪也可能会持续累积。家长要理解孩子的负面情绪，及时进行正面疏导和缓解。比如，一家人可以设定集体活动时间，通过做运动、听音乐、阅读来帮助孩子减压，保持积极心态。”

“谢谢老师，我会和孩子以及她爸爸商量，试着去做的。”文文妈妈说。

后来文文妈妈向我反馈，那天以后，他们家养成了定期开家庭会议的习惯。每当家庭成员对彼此有新的建议和要求时就会召开家庭会议，共同商讨。

聆听手记

在家庭生活中，父母都希望与孩子和谐相处，但往往事与愿违，有的父母与孩子没说几句话就会引发争吵。父母在与孩子交流的过程中，应该尊重、理解孩子，当然这也离不开孩子的配合。定期召开家庭会议，遇到特殊情况，立即召开家庭紧急会议，实在是一种非常好的家庭建设之举。

8 “我不要成为多余的人”
——如何帮助学生应对父母离异

这天阳光明媚，我发现一个女生正背靠着树干坐着，一双漂亮的大眼睛空洞无神。注意到我走近，她慌忙起身逃回了教学楼。

第二天，我在心理辅导室接待了班主任安老师，她就是那个女生的班主任。安老师告诉我，女生叫小盈，以前还算活泼开朗，可是从开学到现在两个多月的时间里，情绪一直很低落。据安老师了解，这是因为年前小盈的父母离婚了。她试图了解小盈的想法，希望能够帮助小盈，可是小盈似乎不愿意谈起这件事。每次一谈到这个话题，小盈就选择沉默或者逃避，这令安老师无可奈何。她联系过小盈妈妈，可是小盈妈妈似乎也起不了什么作用。安老师在与小盈妈妈的谈话中得知，小盈 11 岁之前跟爸爸妈妈一起住。父母离异后，跟着妈妈生活。为了小盈，父母两家人时常产生矛盾。渐渐地，小盈妈妈发现女儿不爱说话了，先是在家里不吱声，后来在学校里也不爱说话了，不仅不愿与同学多说话，而且有时同学主动找小盈聊天，小盈也不大理睬。现在上课时小盈经常是出神的状态，前一天上课还迟到了近十分钟，问原因也不说。安老师希望我能够帮助小盈。听到这些描述，我知道小盈是个极其敏感又有较强自我防御心理的女生。我答应安老师会用我的方式尽量帮助小盈。

我让安老师转告小盈，如果心情不好就去看看樱花，提前告诉老师就好，不然老师会担心的。而我则会在樱花树下等她。

一天午饭后，我便早早拿了本书打算“守株待兔”。我背靠树干坐下，选择和小盈一样的姿势，打开书本，却如猎人般警觉地关注周围。随着第一节课的上课铃声响起，校园很快安静了下来，小盈出现在我的视野里。她看到我后，有一丝犹豫，停下了脚步。我笑着挥手招呼她过来。她疑惑地看了看左右，确定我是在叫她，有一点儿退缩，可是没有像第一次那样逃开。我温柔地看着她笑，向一边儿挪了挪，给她腾出了位置，示意她坐在我身边。她勉强回了我一个微笑，然后坐在我身边。

“好巧呀，我们又见面了呢！”我将手中的书本合上，笑着对她说，“你是不是也喜欢坐在这里看樱花？”

“嗯。”她点点头，表情轻松了许多。

“看来我们很有缘分呢！我心情不好的时候就喜欢坐在这里看看樱花，听听风声，感觉自己的坏心情就会随风而逝了……”我发现她的眼里有一丝哀伤。“怎么，是不是你也碰到了什么不开心的事？”我理了理她额前的刘海关切地问。

她的眼泪瞬间就涌了出来，我赶忙掏出纸巾替她擦拭。她一直哭，试图将心中压抑和埋藏了许久的委屈都哭出来。我则在一边一直默默地陪伴她，也许在当下这一刻安静的陪伴才是对她最好的安慰。

20分钟后，哭声渐低，她开始慢慢抽泣。“我不要成为多余的人，我不要成为多余的人……”她一直重复这句话。

“不会的，不会的。”我心想“这么小的孩子怎么会有这么可怕的想法”，怜惜地搂过她的肩膀。“怎么会呢！你这么可爱！”

“我可爱？”她泪眼汪汪地抬头看我，瞬间出现的期待眼神稍纵即逝，转而被愤怒与无助的情绪取代。“那他们为什么都不要我？他们为什么要吵架？为什么要离婚？是不是因为我是多余的。如果没有我，他们就不会吵架，不会离婚了。是不是？”

“当然不是。”我搂紧她的肩膀，坚定地告诉她，“他们吵架、离婚让你感到很难过。你觉得是因为你不够可爱所以他们才离婚的吗？”

她垂下眼睑，神色黯淡下去，默默地点了点头。

“你知道吗？大人离婚有很多原因，但不管是哪个原因，都不可能是因为你哦！”我顿了顿，“我爸爸妈妈在我像你这么大的时候也离婚了。那时候，他们天天吵架，我就天天哭。我以为是因为我不乖，所以很努力地表现得乖巧、懂事，可他们最终还是离婚了……”

她抬起头看我。“当时我不敢问他们，但我心里一直以为我是一个多余的人。同学们在一起聊天、说笑，我就以为他们在嘲笑我是一个没人要的小孩。爸妈一吵架，我就害怕看到他们有意无意看向我的眼神，所以我就躲得远远的，不看也不听，躲在只属于我的角落里。”我接着说。

她若有所思地点了点头，不知是在对我说还是在自言自语：“你爸爸妈妈也不要你了……”

“是啊，我当时也这么以为。后来我才知道离婚是大人的世界出现了问题，和孩子无关。爸爸妈妈只是不适合再生活在一起，他们都是爱我们的，但他们有时候也会表达不清楚从而让我们误会。他们也有情绪失控的时候，只是用了不恰当的方式来面对他们自己和我们。”

“可是，爸爸妈妈吵架的时候就把我当空气一样，或者当球一样踢来踢去……”她似乎想起了某个令她伤心的场景，好不容易平复的情绪又泛起了涟漪，眼泪顺着脸庞滑落。

“愤怒让他们失去了理智，他们只是在攻击对方，就好像他们随手抄起手边的东西砸过去的时候，压根儿没想到这个东西会被摔碎或者砸伤人一样。他们有时候也随口把我们当成了武器，没有想到这样做我们也会受伤。你能明白吗？”

“是这样吗？”她的脸色明显少了一些压抑的伤痛。

下课的铃声响起。“对了，今天没去上课可不好，会影响课堂秩序哦！这样吧，明天午休的时候你到我办公室里再聊，怎么样？”

“好的。我今天没去上课是和老师请过假的。”她对我甜甜地笑了，“那我明天中午来找您。”我把她送到教学楼下，目送她上楼，看见她上楼的脚步也轻快起来。

回到办公室，我便向小盈妈妈反馈了当天的情形，告诉她孩子的心理感受。小盈妈妈很吃惊，在电话那头就哭了起来。她没想到他们夫妻争吵给孩子带来了巨大的打击与伤害。小盈的懂事又让自己难以开口，一直压抑自己的创痛，变得越来越敏感与沉默。我告诉小盈妈妈，以后一定要注意在孩子面前提起爸爸时的态度，他们争吵时绝对不能拿孩子说事，要对事不对人，不能人身攻击，要给予起码的尊重。同时一定要向孩子明确，他们离婚的原因是大人自身的问题，他们都是爱孩子的。要和她爸爸约定好与孩子见面的时间，要求她爸爸也一定做到这些。双方要提醒长辈尽量减少对对方家庭成员的攻击，只有两个家庭的成员和睦相处，孩子才不会觉得紧张无措，才能够坦然面对这个巨大冲击。

小盈妈妈表示一定会尽力去做，她也不希望两个家庭一直这样吵吵闹闹，更不希望孩子因此而受伤。

第三天中午，小盈如约来到了我的办公室。“老师，您好！”她敲了敲门，“我来了。”她的神情没有了先前的沉郁、空洞，多了活泼与生气。

“你来啦！”我笑着招呼她，“今天看起来心情好多了哦！”

“老师，您说得对！昨天妈妈告诉我了，她说她和爸爸都是爱我的。我不是个多余的人，而是他们心中最重要、最爱的人！”

我看到了她妈妈的努力，也看到了孩子的改变。当然，两个家庭的对话模式不会马上转变，毕竟这需要一段时间的努力与磨合。

聆听手记

父母离婚很容易让孩子产生强烈的自卑感、被遗弃感和怨恨感等消极情绪。如果家长不能较好地处理，孩子在人际交往和学习过程中就很可能因此形成极大的障碍，影响孩子的人格发展。离异的父母应该做到让子女正确地认识和理解父母的行为，并接受现实，从而使子女尽快地走出阴影。家长应告诉孩子，父母分开是为了大家能有一个更好的生活状态，父母依然爱孩子，希望孩子能理解父母的选择，同时也会尊重孩子的选择和要求。

9 怕见陌生人的女生
——如何引导学生克服社交恐惧

开学在即，按学校的要求，每位教师都要去新生家做家访。我看了一下将要家访的学生信息：薇薇，女，6 岁。我按地址找了好几圈，最终在社区阿姨的指引下，才找到了那幢楼。

那是一幢简易楼房，未经粉刷的外墙裸露出斑驳的红砖。几根零乱的电线从空中伸进楼里，和周边的摩天大楼形成强烈反差。

薇薇的家位于二楼最西侧，楼道口堆满了杂物。敲门没人应答。倒是邻居家的门开了一道缝，一位中年妇女从门缝里探出了头。

“您好，我是学校的老师，今天来做家访。”我抱歉地说。

“他们家有人，大概在睡觉。”说完邻居就关上了门。

好一会儿，里面传出了声音：“谁啊？”随后门被打开了，是一个中年男人，头发蓬松，眼里布满血丝，一股强烈的鱼腥味冲进我的鼻孔。

“我是老师，今天学校安排我对新生做家访。”我站在门外礼貌地说。

“哦！是老师啊，快请进！”中年男人热情地把我迎进屋。

我发现室内的光线很暗，努力适应了一阵儿才看清楚。房间的面积不大，虽然没有多少家具，仍显得拥挤不堪。

中年男人请我坐下后说：“真对不起！我是薇薇的爸爸，在农贸市场卖鱼，每天凌晨三点钟就出门，才刚回家睡了一会儿，让您久等了。”

“没关系，倒是我打扰您休息了。薇薇在家吗？”我客气地问。

“薇薇，快出来。老师来了！”他转身吼了一声。

半天没动静，我顺着他的喊声看了过去，才发现门边上的柜子后面露出半个小脑袋，一看见我就马上缩了回去。

“这孩子怕见生人。”他充满歉意地说。

“薇薇不和其他小朋友玩吗？”

“她没有小朋友。”他脱口而出，也许觉得不妥，赶紧补充道，“我的生活是日夜颠倒的，所以没有小朋友来家里玩，她也不出去。”

我笑着点了下头表示理解，然后说：“薇薇，能过来见见老师吗？”

还是没有反应，倒是薇薇的爸爸忍不住了，起身走到柜子后面把薇薇拖了出来。薇薇跌跌撞撞地来到我面前，“哇”的一声哭了出来。

“老师来了有什么好哭的！”他厉声呵斥，哭声马上转为抽泣。我把薇薇拉到身边，拿出纸巾给她擦拭眼泪，可是她还是不断地后退、躲避。

“薇薇上过幼儿园吗？”我问她爸爸。

“没有。”他摇摇头。

“薇薇见到其他人会怎么样？”

“除了我和她妈妈，其他人都害怕。”他苦笑着说。

我看着他严肃地说：“小孩子是需要与同伴交往的。你们要鼓励孩子与别人交往，长时间不与人交往，就有可能形成社交恐惧。你们必须在孩子没上学前抓紧纠正，否则对她以后的学习非常不利。”说完我把自己的名片递给他，“这是我的联系方式，请你尽快带薇薇来学校。”

我走出楼门后忍不住又回头望了望那幢老楼，突然看见一只燕子从屋檐下的泥巢里飞了出来，从两幢高楼间的缝隙中飞了出去。

过了几天，薇薇的爸爸带着薇薇来到了心理辅导室。我由此了解了更多的情况。薇薇是独生女，从小备受家人的关爱。长辈时常告诫她少与陌生人交往，不要去邻居家串门，也不许带别的孩子来家里玩。久而久之，这么做就弱化了她的社交能力，抑制了她的社交欲望。而家长对她的格外关照与她两岁时的一次走失有关。当时，她奶奶带她去公园玩，结果她不小心走失了。她奶奶像发疯一样找她，终于从一堆玩耍的小孩子中找到了她。从此，她再也没有离开过家长的视线。

患有社交恐惧症的人常常有焦虑、紧张、不安等不良情绪，薇薇也不例外。她坐在心理辅导室时紧张得手足无措，无法与我对视。我知道，放松心情可以帮她克服紧张的心理。在征得她的同意后，我采用冥想法帮她放松心情，用音乐引导她进入冥想状态。事实证明这个冥想练习对改善她的紧张情绪有很大帮助。

我帮助薇薇建立了恐惧事件等级表，并且给每个等级打了分。

事件	焦虑程度
独自一个人在房间	0
想到自己要见的人	1
见到亲戚中比较陌生的女性	3
见到亲戚中比较陌生的男性	4
见到小区里熟悉的社区工作人员	6
见到小区里带小孩的邻居	7
见到小区里陌生的邻居	9

我给薇薇做了系统脱敏，首先让她深度放松，待她完全放松后，便从恐惧层次的第一级开始对她进行系统脱敏训练。

我对她说："请闭上眼睛，现在我要求你想象一些画面。你要尽量想得清晰些。如果你已经清晰地想象出了这个画面，就举起你的右手让我知道。现在你首先想象，你小姨来家里找人，她与你打招呼，要和你说话。"

过了 1 分钟，她举起了右手。

我（停顿了 15—30 秒）问："你现在有什么感觉？"

她说："我有点儿紧张，脸好像红了。"

我说："好，现在注意做放松练习。"

3 分钟后，薇薇说她感觉放松了。

5 分钟后，我让薇薇再次想象刚才的情境，30 多秒后她报告说已出现想象的画面。1 分多钟后，她报告说很放松。后来，她表示没有恐惧体验，第一次脱敏成功。之后，每次咨询时我们都针对每个等级的恐惧情境逐一进行脱敏治疗，全部项目脱敏共用了 7 次疗程，取得了较好的成效。

我希望家长能帮助薇薇克服社交恐惧。于是，我布置给她的回家作业是，先由她父母陪她接触小区里的陌生人，特别是同龄的小朋友，扩大其交往范围，让她降低与人交往时的恐惧感、焦虑感。家长可以通过赠予玩具、书等吸引其他小朋友主动与她交往，让她独立、被动地交往。当她能和相对熟悉的小朋友交往的时候，家长要积极给予鼓励。

从第三次心理辅导开始，我便带薇薇来到学校附近的马路上，通过观察别人，让她明白每人都各忙各的，没有人特别关注她，也不在意她的行为。这些观察结果使她增强了自信心。再加上家长也改变了过去一些不正确的教育观念，她已经可以站在马路上看来往的人，并且时间逐渐延长。对这些行为上的进步，我对她给予了积极的肯定和鼓励。

开学后，薇薇顺利成为班集体中的一员。同学们都很喜欢善良、内向的她。一个学期后，她已经能主动与老师愉快地聊天了。

聆听手记

儿童社交恐惧是指儿童对新环境或陌生人产生恐惧、焦虑的情绪和回避行为。儿童在陌生环境中表现为过分害羞、尴尬，对自己的行为过分关注，或进入新环境时自己感觉到痛苦和身体不适，或出现哭闹、沉默、退缩等情况。

孩子出现社交恐惧主要是跟外界接触的机会过少，尤其是独生子女与同龄人缺乏沟通和交流，加之父母工作忙碌，很少留意孩子的变化所致。要消除和预防儿童社交恐惧，家长应带孩子多接触同龄人，让孩子多参加集体生活，体验与人交往的乐趣，这是提高孩子社交能力的一种很有效的方法。

家长还可以把孩子送入幼儿园、学校等集体环境中，让孩子与同伴一起做游戏、学习，体验与人交往的快乐。同时，家长要注意及时把孩子的情况向老师反映，以寻求多方配合，帮助孩子逐渐摆脱社交恐惧的阴影，提高孩子的自信心。只有多让孩子接触世界，孩子才能乐意跟人交往。

10 被孤立的副班长
——如何引导学生学会宽容

学校组织春游的这天，班主任陆老师找我帮忙。她说："我班里有个学生叫海东，平时学习成绩挺不错的，同学关系挺好，人也比较热心，这个学期我就让他做了副班长。可是自从他当了副班长，同学关系就变得很糟，他自己也很苦恼，学习成绩也有所下降。"

"那我现在就过去看看。"我立刻答应下来。这时午餐的哨音响了，我起身和陆老师一起朝集合地点走去。

来到他们的集合地，发现午餐已经分发完毕。学生自由组合围成几个小圈子在吃饭，只有海东孤零零地拿着饭盒站着。我见他犹豫了一会儿，终于走到几个离他比较近的同学跟前坐下，但是几个同学一看见他，都站起身走了，只剩下他尴尬地坐在那里。

这一幕验证了我心中的担忧。我走到那几个同学身边坐下："同学们，不介意和老师一起吃饭吧？"

那几个同学见到我，很高兴地说："当然欢迎您了。"

"怎么不和海东一起吃饭啊？"

"我们不喜欢和他在一起。"他们异口同声地说。

"为什么啊？"我好奇地问。

"他什么事情都要管，还要我们都听他的，不按他说的做就发脾气，可是要求我们做到的事情他自己却做不到。"一个女生生气地说。

"是的。他还爱打小报告。"另一个男生接过话茬儿。

我听着他们的答案，大致明白了是怎么回事。于是吃完饭后我就起身和他们告别，去找海东了。

在一大片树荫下，我找到了他，问道："怎么一个人坐在这里，不和同学们一起玩？"

"老师好！"他转身看到我，礼貌地叫了一声，随即神情就黯淡了下来，"他们不喜欢和我玩。"

"和同学们的关系处不好？"我试探性地问道。

他点点头说："以前我和他们挺好的，自从我当了副班长就变了。"

"感觉是他们变了还是你变了？"我看着他问道。

他低头想了想，抬起头说："我不知道。"

"那你说说你做了副班长后都做了什么？"我启发他。

"他们做了什么错事我都告诉老师，平时老师不在我就会管管他们，还想让他们听我的话。"他迷茫地说，"可我是副班长啊，我就要管他们。"后一句说得倒是理直气壮。

"那你还想和同学们处好关系吗？"我问。

"当然想啊。"他急切地回答。

"回校以后你到我的办公室来，我们一起想办法。"说完我朝他笑了笑，起身朝陆老师走去。

三天后，他来到了心理辅导室。我从陆老师那里了解了他的情况：出生于军人家庭的海东从小在部队大院长大。他父亲是个很严厉的军官，对士兵要求非常严格，批评起下属的缺点和错误来是毫不留情的。他从小耳濡目染，在管理班级的时候也下意识地模仿他爸爸的风格。

我对他的心理辅导是从引导他学会宽容开始的。

"海东，我们一起演个小品，好吗？"我提议。

"好的。演什么呢？"

"就演《将相和》，你来扮演蔺相如吧！"

"好的。"

我们一起讨论了蔺相如这个角色。海东认为要把握住蔺相如深明大义和宽容大度的性格特征。我顺势引导他，"宽容"两字都是宝盖头，可见宽容是人世间的宝贝。

“同学之间要求同存异。你爸爸在工作上对士兵有严格要求的一面，想必在生活上也会有求同存异的一面。而你协助老师管理的是你的同学，不是你的士兵。”

表演完小品后，海东若有所思。

“当你在课间不小心把别人的课本碰到地上时，当你下楼梯不小心撞到别人时，你最希望对方怎样对待你？”

“当然是希望他宽容一点儿。”他回答。

“是呀，谁都愿意和宽容的人打交道。”

为了强化宽容的重要性，我给他讲了一个故事。在外国的一个市场里，有个中国女人的摊位生意特别好，引来其他摊贩的忌妒。大家常有意无意地把垃圾扫到她的店门口。这个女人对此只是宽容地笑笑，不予计较，反而把垃圾都清扫到角落里。旁边卖菜的女人观察了她好几天，忍不住问道：“大家都把垃圾扫到你这里来，你为什么不生气？”她笑着说：“在我们国家，过年的时候，都会把垃圾往家里扫，垃圾越多就代表赚的钱越多。现在每天都有人送钱到我这里，我怎么舍得拒绝呢？你看我的生意是不是越来越好了？”

这个中国女人化诅咒为祝福的智慧确实令人惊叹，然而更令人钦佩的却是她那与人为善的宽容美德。她用智慧宽恕了别人，也为自己创造了一个融洽的人际环境。和气生财，自然她的生意能越做越好。如果她不采取这种方式，而是针锋相对，结果就可想而知。

海东频频点头表示赞同。之后，我们又讨论了该如何宽容对待同学。他列出了几条改进措施。

① 遇到同学犯小的错误时，可以先向同学微笑，再指出其错误。

② 给违反了班级和学校规章的同学自我改正的机会。

③ 对于能及时改正错误的同学，要立即表扬。

④ 要求同学做到的，自己要先做到。

⑤ 既要向老师汇报同学出现的问题，也要向老师汇报在遵章守纪方面有进步的同学。

我向海东指出了他在管理同学的时候，要注意语气、语调，不要总是用命令人的口吻。

小学生在学校里是比较依恋老师的，渴望自己的言行能受到老师的关注，成为老师心目中的重要人物。所以，当找不到合适的方法时，打小报告就成了他们的一种方式。他们往往认为自己会因此提升在老师心目中的重要性。一旦老师对打小报告的行为不予理睬，海东打小报告的行为就会逐渐减少甚至停止。

聆听手记

许多小学生喜欢通过打小报告来亲近老师，向同龄人彰显自己与老师的关系。其实，这是学生吸引他人注意力的方式，也是打击别人、突出自己的做法。如果不能正确加以引导，学生就会养成爱揭露别人缺点以满足自己自负心理的坏习惯。

对于海东的心理辅导，心理教师有许多路径可以切入。除了探讨如何学会宽容外，也可以从讨论如何当好班干部这个点切入，或者从讨论海东爸爸带兵与海东管理班级之间有哪些区别的角度切入，还可以从海东做副班长后产生的变化角度切入。心理辅导并没有固定不变的模式，只要符合当时的情形，从来访者的实际情况出发，都可能收到好的效果。

11 重组家庭的烦恼
——如何帮助学生处理家庭关系

期末的家长会结束好一会儿后，围着我的家长才渐渐散去。我把散落在讲台上的材料归置完准备离去时，一直远远站着的一位男士叫住了我："老师，能再耽误您一会儿吗？我是小鹏的爸爸。"男子看出了我的疑惑，赶紧自我介绍。

"小鹏这个学期退步很大啊！"我的脑子还没从刚才被家长的包围中冲出来，就循着刚才的思维习惯性地回答。

"是啊，但我有一件事，不知道该怎么处理才好。"

他看了看四周说道："我和小鹏妈妈五年前就离婚了，后来我们又各自重组家庭。小鹏和我生活在一起。新的家庭虽然说不上和和美美，但也没有大的矛盾冲突。三年前，我们给小鹏新添了一个小妹妹。小鹏渐渐地有些变了，有什么事再也不愿意和我说，还经常跑到他亲妈那里告我的状。"

"你找小鹏聊过吗？"我问道。

"找过的。可是他什么都不愿意和我说。"他苦恼地摇摇头说。

"我知道了，明天我找小鹏聊一聊。"

第二天我把小鹏叫到办公室："昨天是你爸爸来参加家长会的。"

"是的。昨天我爸回来说了，还说您会找我的。"他看着地面回答道。

"那你有什么话想对老师说吗？"

"我不想住在爸爸家里。"他犹豫了一会儿说道。

"为什么啊？"我故作奇怪地问。

“家里有个小妹妹，整天吵死人了。我做作业的时候，她缠着我玩。我告诉后妈，她说我不懂事；告诉爸，他说妹妹还小，让着点吧。”小鹏颇感委屈地说，“最可气的是上周五，我与往常一样在书桌上写作业，她跑到我身边摆弄我的学习用品。我想安静地写作业，便用较重的语气说了一声：‘你别动！’她便走了出去。晚上后妈回到家，妹妹就一头扑向妈妈，边哭边告状，说我欺负她。之后，后妈就冲进了我的房间，拿起行李箱砸我的头，我下意识地打了她一拳，还好爸爸及时赶到，把后妈拉到了门外。半夜，后妈突然来到我房间把我叫醒，跟我道歉。我感到奇怪，表面上接受了她的道歉，但心里恨死她了！”

看着他的样子，我感觉对他来说，接受父母再婚的事实，需要一个很长的适应期。他是身不由己地被带到了一个全新的环境中，被迫叫一个与自己没有血缘关系的陌生人妈妈，难免出现一种强烈的心理变化。同时，随着妹妹的出生，家庭成员关系增加了新的角色。在这种家庭中，感受冲击最大的就是原有的那个孩子。这个孩子可能因弟弟或妹妹的出现而变得非常敏感。孩子都需要父母的照顾和关爱，而原有的孩子显然想要父母更多地关注自己，但弟弟或妹妹的加入使其在心理层面上感到自己是多余的，从而导致心态和情绪都发生变化。他们会比原来更需要爱以证明自己存在的意义，所以父母要多关注这一点。尤其是孩子亲生父母的一方，要注意把握情感的尺度，尽可能多地表达对原有孩子的爱。这样孩子才不会嫉妒弟弟或妹妹抢走了他的爱，他才会善待弟弟或妹妹。

在这次心理辅导中，从小鹏紧握双拳、咬牙切齿的表情中，我能够感到他对后妈的愤怒情绪已经压抑了很长时间，而最近的风波更加剧了他的愤怒情绪，当务之急是处理他的愤怒情绪。

我使用了“空椅子技术”。在来访者需要倾诉或宣泄情绪的时候，空椅子技术是一种常用的技术。这里的“空椅子”代表的是小鹏认为给自己带来伤害的后妈。在平时生活中，小鹏一直把负面情绪压抑着，长期郁结于心，此时他可以通过对空椅子的宣泄、指责，甚至是谩骂，使自己获得内心情绪的释放与平衡。我在他的对面放了一张空椅子，告诉他：“今天，你回到家里，看见你后妈就坐在这张椅子上，你想对她说什么吗？”我鼓励他将自己对后妈的不满和愤怒情绪表达出来。

他花了十几分钟情绪才逐渐平复下来。他说出了这段时间发生的事情，以及自己当时的许多情绪，当然也有这个年龄的孩子期望的快乐和轻松的事情。

看到他的情绪稳定下来，我对他能主动来心理辅导室寻求帮助给予了肯定。他表示情绪有了较大的好转。

“看得出来你现在的心情比刚来的时候轻松多了。那你能跟我分享一下，一家四口人在一起时快乐和轻松的事情吗？”我启发他。他回忆起后妈刚成为家庭成员的第一年与自己相处的时光。那时候，他年龄小，后妈经常在周末带他出去玩。

“那么，最近一个月有没有令你感动的时候？”我继续引导他。

他想了一会儿，谈起了一次周末的经历。那天，妹妹生病，后妈带着妹妹去看病了，父亲送他去兴趣班上课。下课后，他发现下雨了，并且越下越大，他在兴趣班门口等父亲。这时，后妈开着车出现了。原来是父亲单位临时有事，后妈得知后，安顿好妹妹，就马上过来接他回家了。

谈话进行得很顺利。临近结束时，我给他布置了两项家庭作业。

第一，写出后妈的 5 个优点和尽可能多的缺点。

第二，写日记。记录接下来三天的家庭生活，重点记录后妈跟自己互动的情形，并约定一周后再次做辅导。

此后的多次心理辅导中，我将重点放在培养他调节情绪的能力上。首先引导他正确认识自己的优点和缺点，不因理想的自己和现实的自己之间的差异而妄自菲薄。当遇到这样或那样的困境时，心中要有一个性格开朗的人作为自己的榜样，可以多与身边的榜样交流，走出自己设定的牢笼，提高生活动力。我也建议他多参加社区的公益活动、学校的社团活动，或者自己擅长的艺术兴趣班，以提高自身的成就感，感受学习和生活的乐趣。每当假期来临，我都鼓励他做游玩攻略，享受一家人在一起的温暖，同时也能放飞一下心情。

此后，我又联系了小鹏的父亲，希望他多了解小鹏的内心世界。再婚家庭中的孩子经历了亲生父母的离婚、再婚，无论在心理上还是生活上都比普通家庭的孩子更容易出现问题。所以，对再婚家庭的家长来说，掌握教育规律，提高教育能力是十分必要的。家长可以阅读一些家庭教育和儿童心理方面的读物，掌握正确的家庭教育理念和方法，这样才能科学地教育孩子，避免孩子形成孤僻、冷漠的性格；也可以通过外出旅游、庆祝生日等途径与孩子进行情感交流。教育孩子的方法应以激励、说服为主，批评为辅，要让孩子体会到家庭的温暖，在生理和心理上得到健康发展。

聆听手记

重组家庭是指夫妇双方至少有一人经历过婚姻，并可能有一个或多个前次婚姻的子女及夫妇重组的共同子女组成的家庭。重组家庭的特点是人数相对较多、结构复杂。重组家庭最大的障碍往往来自家长自身，只要夫妻之间能相互理解和尊重，好好教育孩子，好好沟通，用实际行动给予对方的孩子关心、关爱，让孩子认可，这个家庭就会很幸福。其实，家庭幸福与否跟是不是重组家庭没有太大关系。只要家庭成员给对方孩子和家人一样的爱，一样的尊重，不分彼此，一样能幸福。

在帮助小鹏的过程中，他继母配合得不错。她坦率又真诚地告诉小鹏："你的亲生妈妈当然是你真正的妈妈，没有人能改变这一点，我也不想要改变这个事实。但如果你有些事情需要我照顾，我会很乐意帮忙，会尽我的能力，做我可以做的事，让你能更好地成长。我们是一个新组合，大家在一起当然要互相照顾和关心。相信我们可以维护新关系，开启一段美好的新生活。"

12 得不到认可的好心
——如何处理同学间的矛盾冲突

四月底，学校各个班级准备用大扫除来迎接劳动节。我沿着走廊到各个班级巡视，走到六年级（1）班教室门口时，被一阵吵闹声吸引了，于是停住脚步往教室内看去。原来是一群学生正围着一个戴眼镜的男生在争吵，情绪都很激动，感觉快要发生肢体冲突了。我赶紧走进教室大声呵止。学生看见我进来，冲突倒是停止了，但情绪还是很激动。

“发生了什么事？”我扫视了众人一圈后低声问道。

“他分配任务不公平。”好几个学生指着那个戴眼镜的男生说道。

“我把重活留给自己，把轻松的任务分配给你们，怎么不公平了？”戴眼镜的男生仿佛受了很大的委屈一样全身气得直哆嗦。

“有什么话大家慢慢说。”我拿出了老师的气势。

“今天，学校安排我们班大扫除。我是今天的值日班长，由我来分配各自的任务。我把扫地、洒水的任务分配给他们，搬课桌椅的重活留给自己。他们还说我分配不公。”戴眼镜的男生气呼呼地说。

“你们呢？”我把眼神投向其他学生。

“他明明知道我们楼层厕所的水龙头坏了，打水要到其他楼层去。”那几个学生也不甘示弱地回应。

“他每次表面上为大家着想，其实都把好处留给自己。”另一个学生说。

“就这么点儿事情值得你们这么大动干戈吗？解释清楚不就可以了吗？”听到他们这么说，我心里松了口气转身准备离开。

“他还到处打小报告。”一个男生指着戴眼镜的男生说道。

闻听此言，我停下想要离开的脚步，对着说话的男生问道：“到处打小报告？”

“不管我们做什么事情，他都去老师那里打小报告。”说完这话，他好像意识到我也是老师，赶紧补充道，“就连我们商量去看什么电影，周末要到哪里去游玩他都去打小报告。”

“难道我把你们做的坏事向老师汇报有错吗？”戴眼镜的男生不服气地说。

“我们做什么坏事了？”一听到这话，几个学生又不服气了。

“你们偷摘学校的桑叶，还把学校的篮球当足球踢。”戴眼镜的男生理直气壮地说道。

我明白了，今天的冲突只不过是个表象，根本问题是平时积累的矛盾。我制止了他们吵闹，邀请戴眼镜的男生和争吵的两位同学到心理辅导室坐坐，交流一下。三位同学欣然接受。

我从交谈中得知，戴眼镜的男生叫小林，热心肠，乐于助人，也时常为他人着想，但他的行为方式略显强硬，常让同学误会他不近人情。他事无巨细地向老师汇报引来了同学们对他的反感。像今天这样，他自己觉得是一片好心，同学们却不领情。

于是，在心理辅导时呈现了这样一幕：小林在大扫除中自认为把搬课桌椅的重活留给自己；同学甲认为厕所的水龙头坏了，打水要到其他楼层，太麻烦了；同学乙认为小林每次分配任务，都把轻活留给自己。于是，矛盾和误会产生了。

我对小林的心理辅导由对事件的“复盘”开始。

复盘是围棋中双方对局以后，根据自己的记忆把棋重摆一遍，分析讨论过程中得失的一种方法。通过复盘可以把事件矛盾双方的心理活动全面、客观地推演出来，同时借此可以进一步探讨其他应对的可能性。教师可以通过复盘来呈现学生的心理活动，让学生从不同角度观察、体验当时的心理认知，探讨问题解决的更多可能性和最佳方案。在个别辅导中，可以通过“回顾事件—评估结果—分析原因—经验总结”这四步来完成复盘。

第一步，回顾事件：回到爆发冲突时的情境，探讨当事人最需要解决的事情是什么？

①小林希望同学按照他的分工，认真做好大扫除。

②同学甲不愿意楼上楼下来来回回打水。

③同学乙不愿意接受小林的分工。

第二步，评估结果：当事人的应对方式解决了各自的需求了吗？

①小林的目标没有完成，同学们没能各自做好大扫除。

②甲、乙同学的需求也没解决，并且跟小林产生了矛盾，关系变差。

第三步，分析原因：为什么会出现这种结果？说出当时的心理变化。

小林说：“我以为我把搬桌子的重活留给自己了，别的同学肯定会觉得我风格高，并且接受我的分配。同学对我的分配提出抗议，我当时觉得我是好心没得到好报，吃力不讨好。他们故意为难我，给我出难题。我没考虑到水龙头坏了，使得所有跟打水有关的活儿都变得不轻松了。”

同学甲说：“我已经明确说了，我不愿意来来回回打水，因为我扭伤过的脚刚好，医生叮嘱我尽量少走路、跑动。到现在，体育课我还是免跑步的。小林安排我打水，我觉得是故意为难我，有点儿欺负我。”

同学乙说：“我看不过去小林指使别人干活的样子，内心是比较排斥小林的，不希望由他来安排大扫除。当他和同学甲争吵时，有点儿幸灾乐祸的感觉。”

我引导他们思考：“三人各自有哪些做得好与不好的地方？你们是怎样处理这件事的？”

小林说：“我是老师的小助手，为班级同学服务，但态度较为强硬，不会变通，没有跟同学打成一片。”

同学甲说：“我很乐意做大扫除，但在任务分配前没有主动与小林沟通，后来的沟通态度也不好。”

同学乙说：“我能说出自己的观点和看法，不隐瞒。但是，对小林有偏见，放大了他的缺点，忽略了他为班级做贡献的一面。”

第四步，经验总结：在应对情境时哪些做法是错误的？可能导致怎样的后果？如何做才能让当事人满足各自的需求？

小林说：“我事先没有征求同学们的意见，引发同学甲误会，发生了争吵，自己的情绪受到影响。”

同学甲说：“我没有好好沟通，说话偏激，还骂了小林。”

同学乙说：“我看到同学闹矛盾没有劝阻，反而促使争吵越来越激烈。”

谈到解决方法，小林觉得他可以事先征求同学们的意见，然后及时调整分工方案。同学甲觉得可以事先让家长跟班主任沟通、说明情况。同学乙觉得可以先放下对小林的个人看法，以班级荣誉为重，做好大扫除。

“大家的出发点都是为了班级的卫生和荣誉。三个人齐心协力，就能减少班级的矛盾。如果班级大扫除评比获得优胜，那么大家就会感到自己在班里的价值。”我适时地鼓励他们。

复盘需要不断地练习和巩固。学生在个别辅导中通过分析思考，重塑剧情。在辅导中诞生的应对方法都是学生心理成长的见证。这充分体现了学生的主体思想，对他们提升自信也有很大帮助。在不断复盘中，学生能逐渐理解他人的感受，分析应对方式的利弊。他们会在现实生活中尝试使用在辅导中学到的方法，并将现实中他人的反应拿到辅导中讨论，进行下一轮复盘。这种复盘思维正在逐渐融入学生的生活，让他们在集体中成为更加会学习、更加会健康生活的人。

聆听手记

“复盘”一词常见于棋类游戏，是指对局结束后，双方根据自己的记忆，按顺序把棋重摆一遍，彼此交流心得的一种做法。复盘同样可以运用到课程和教学中，成为学生与同学讨论、交流心得的方法。在人际冲突的辅导中使用复盘方法，能够让学生从亲身经历中回顾、反思，在讨论、分析中激发学生的创新思维和分析梳理能力，在重塑故事中自我疗愈，培养复盘思维，掌握心理调节和保健的方法。这种“感受—分析—重塑—感受（对比）”的循环模式也可以在同伴压力、沟通表达等主题下使用。

13 现任老师就是不如前任老师

——如何帮助学生改善师生关系

一天下午第一节课下课后，我到数学组办公室找苏老师要份材料。苏老师正和一个学生谈话，见我找他，马上从办公桌上的一堆讲义中翻找材料。我发现被约谈的学生我认识，是数学课代表小航。看他一脸沮丧的神情，我开玩笑地问："你是不是挨批了？犯什么错误了？"

小航见到我叫了一声"老师"，就低着头站在那里不说话了。反倒是苏老师抬起了头说："这个小航，现在不知怎么弄的，学习成绩下降，作业也不按时完成了，最近一次测验居然是班里倒数。"说完又朝小航说，"你的数学课代表是不是不想当了？"

我看苏老师有点儿激动，赶紧接过话头："以前的数学老师休产假，是你接班啊？"

"是啊！"苏老师一边说一边把材料递给了我。

我接过了材料，翻开来看了看，耳边又响起了苏老师的训斥声。我用眼角瞟了一下小航，他的头倔强地抬着。我心想这两个犟脾气算是凑到一块儿了。

"这样吧，苏老师，让我和小航谈谈。"我对苏老师说。

"也好，那麻烦您了。我还要准备下一堂课。"苏老师摇了摇头，无奈地说。

我把小航带出了数学组办公室，朝心理辅导室走去。

来到心理辅导室后，我问小航缘由。

"我不喜欢苏老师。"他毫不掩饰地回答。

"为什么呢？"

"没有以前的数学老师好。"

"能不能举一些例子呢？"我耐心地启发他。

他想了想，挠了挠头说："上课没有以前的数学老师那么风趣，也没有以前的数学老师那么关心人，脾气也不好，动不动就训人。"

"是你一个人这样看呢？还是你们班同学都这样看？"他愣了一下，没有回答。我心里已经明白了八九分。这时上课铃响了，我就对他说："小航，你先去上课，放学后再来心理辅导室，我们一起来想办法，好吗？"

他点点头，转身向教室奔去。

放学后，小航主动来到心理辅导室。我们聊了很多关于数学课、班级和学习的事情。我发现他总拿苏老师跟以前的数学老师相比，纠结于两个人的差异，并且把前任老师的教学风格当成唯一标准，只有和前任老师一模一样的，才是好的。看样子，他需要调整与苏老师的关系。于是，在心理辅导的过程中，我给他运用了"感知位置平衡法"。我在心理辅导室里面对面放了两把椅子，让小航坐在其中一把椅子上，另一把放在他的正对面，二者保持一个让他感到舒服的距离。

"想象一下苏老师就坐在你对面的椅子上。然后，感受你和苏老师的距离。把苏老师的座位拉近一些或拉远一些，调整到你内心感到最能代表你与苏老师实际情况的距离为止。"我说。小航总是要求我往后拉椅子。我提醒他记住这个位置与他的距离，大约是 2.5 米。

"注意：你感受一下苏老师是否正面对面看着你，若苏老师是以侧面或侧身对着你，你就把苏老师的座位慢慢地调整到正面的位置。"我让小航闭上双眼，一边想象一边调整。

我继续说："注意：苏老师双眼的位置现在是否与你的双眼处于同一高度？若不是，把你们两个人的视线调校到同一高度。你可以任意想象升降对方或者你自己的椅子来完成。"一会儿，小航把对面的椅子调校到正面的位置，示意我完成了。

"你看到的是黑白的还是彩色的景象？"

“有点儿颜色的。”他回答。

“你也可以调校为彩色的。”

他示意做好了。

“请你注意对方的坐姿和面部表情（小航事后说，苏老师的表情有点儿委屈），同时，也注意自己的内心感受。”

接着，我提醒小航放松身体，关注自己的内心感受，引导他走到苏老师的位置，模仿苏老师的坐姿，想象自己已经变成了苏老师。（这里，小航的椅子为第一位置，苏老师坐的椅子为第二位置。）

我命令他：“望向处在第一位置的你，看着你的身体姿势和面部表情，注意此刻内心的感受。”他觉得处在第一位置的自己表情有些着急和不解。

我又放了一把椅子摆在与第一位置和第二位置等距离的地方，称之为第三位置。“从第三位置看，处在第一位置的你，和处在第二位置的苏老师的姿势、面部表情，以及他们的内心感受，体会一下：处在第一位置的你可以做些什么来改善与对方的关系。例如，说某些话或者做出某些行为。”我说。

他说：“第一位置的自己把椅子往前挪了一点儿，想更靠近苏老师一点儿。”

“那第二位置的苏老师可以做些什么来改善与你的关系呢？”

“微笑。苏老师朝我微笑着打了招呼。”

“现在返回第一位置，想象自己看着苏老师，说出内心想说的话或做出想做的行为。”

“对不起，苏老师。”他小声念叨。

“现在你走到第二位置，模仿苏老师的姿势坐下，想象自己已经变成了苏老师，然后望着对面的你。听了你刚才说的话，苏老师的内心感受有什么变化？”我追问。

“我也有错。我跟你们谈心时还是少了点儿耐心。”“苏老师”回答。

“再坐回到第一位置，听了苏老师的一番话后，你的内心感受有什么变化？你有什么话要对苏老师说或有什么想做的行为？”

“我会好好学习的。苏老师，请你相信我。”他动情地回答。最后，他说希望苏老师能抱抱他。

从相隔 2.5 米的距离到最后的拥抱，我仅给小航做了一次感知位置平衡法的练习，就收到了很好的效果。感知位置平衡法可以在另一方不在场的情况下，改变一个人对另一个人的看法（感知模式）。因为一个人的思想和身体由内心支配，对另一个人的感知模式改变了，再面对那个人的时候，说话和行为模式都会有所改变，沟通效果和关系便会因此而有所不同。

聆听手记

在大多数情况下，不能适应新老师的学生往往是心理因素在作怪。学生与以前的老师建立了较为密切的关系。这种关系突然消失会对学生在心理上造成一定的影响和冲击，心理老师需要帮助学生缓解这种失落的情绪。

在改善师生关系方面，感知位置平衡法是比较有效的技巧之一。这个技巧是把内心的感知模式经由一把椅子而实物化了，尽量挖掘一方的优点，让另一方感到被关注与理解。凭借改变内心的一些信念、价值观，经由一些言语和行为实现感知模式的改变，下次见面时，对同样的人就会有不同的言语和行为表现，即在态度上会有改变。一方的言语和行为改变了，另一方也会因此做出调整。这样，双方的关系就可能有所改善。

第4辑

引导学生克服心理障碍

本辑呈现了小学生中常见的心理障碍，诸如书写障碍、尿床、多动、失眠等。这些表象的背后都有深层的心理原因。教师要想教好学生，就应该对学生的生理和心理有所了解，及时介入辅导，让他们参加有益身心发展的活动，为他们搭建心理健康教育的平台，矫正他们的不良心理。

1 粗心的学生
——如何帮助有读写障碍的学生

寒假里的一天，我到老同学家做客。与老同学夫妇闲聊时，发现他们的女儿晓玲不在，于是就问："晓玲呢？怎么没看见？"

"在房间里做作业呢！"老同学指了指边上的一个门说。

"刚放假就这么用功啊，学习成绩一定不错吧！"我笑着说。

"哪里啊，勉强就是个中等生。"老同学摇摇头说。

"别谦虚了，你们两口子一个学理，一个学文，孩子又那么努力，不好才怪呢！"我打趣道。

"她说的是真的。"老同学的丈夫在一旁插话道，"这孩子学习挺努力的，可就是成绩不理想，每门功课也就七八十分的样子。我们看她学得很辛苦，也就不忍心说她了。"

看他们说话的认真劲儿，我知道他们说的一定不是假话，于是向他们了解了晓玲的学习情况。

晓玲目前已是小学四年级的学生了，做数学题时经常很粗心，不是小数点点错了位置，就是计算错误；语文则经常在阅读理解方面出问题。老师说晓玲很聪明，人也很听话，就是太粗心。我跟老同学夫妇提出想见晓玲，他们便把她叫了出来。

晓玲轻轻地从自己的房间走了出来，礼貌地叫了一声："阿姨好！"然后就站在她爸爸边上不说话了。

我把她拉到我的身边坐下："告诉阿姨，考试为什么考不好？"

"因为我笨呗！"她低着头轻声回答。

“谁说我们笨的？我们才不笨呢！”我亲热地搂住她的肩膀说，“阿姨看着，你读一篇文章给阿姨听，好吗？”说完我从茶几上拿起一本杂志，找到一篇散文递给她，“就读这篇吧。”

她接过杂志，看了她妈妈一眼。

她妈妈鼓励道：“没关系，读给阿姨听听吧！”

她捧起杂志读了起来，我侧过身子一边看文章一边听。1000 多字的散文，她读了近 10 分钟，读得很不流畅，很多地方都读漏了字，有的字读音不准或读错了。但我还是鼓励道：“读得不错。”说完我示意老同学让晓玲回自己的房间。

等她走后，我压低声音对他们说：“晓玲的学习成绩不理想有可能是由读写障碍造成的。”

“那怎么办呢？”他们一听就急了。

“别着急，儿童的读写障碍是可以纠正的。趁这个假期，你带晓玲到我的心理辅导室来吧！”他们同意了。

第二天早上，老同学带着晓玲准时来到了心理辅导室。

“晓玲，我们一起玩个游戏吧！”我们的心理辅导从互动游戏开始。我在她的手心里写了个字，让她猜猜是什么字。我发现，她只能猜出笔画很少的常用字，对 7 画以上的字猜起来很困难，正确率也比较低。但是，她猜得很开心。做这个游戏我的目的是增强她的触觉。

然后，我指导她阅读课文《五彩池》。我和她商定，由她先自学 10 分钟，把课文通读一遍，再在课文里找出要学的生字，拿笔圈一圈（加强触觉和动觉）。她找出了 8 个生字，我范读后让她自己一边试读生字，一边用手指在粗糙的沙纸上书写（加强触觉和动觉）。第一遍读课文时，她不是读漏字，就是读错字。于是，我教她用手指着字一个一个地点着读（视觉和动觉结合），随机纠正发音错误（加强听觉）。这样反复读几遍后，她基本上能读正确了，但语调、节奏均不理想。我在她的课本上标了一些朗读符号，再一句句地示范后让她跟读（视觉和动觉结合）。反复读几遍后，她也能把一篇简短的课文读得有声有色了。

第一次的心理辅导，我对晓玲的阅读指导重点放在慢速度训练上，让她的视觉、听觉、触觉和动觉等感觉系统参与到读写活动中来。这样有利于提高她的读写能力。我们还商量制定了近期的阅读目标：正确读出这一阶段所学的字词；听写正确率要保持在75%—80%；能跟着同学正确朗读所学的课文；不会写的字用拼音代替；学会使用句号。

第一次心理辅导结束后，我与老同学做了交流。大多数儿童的感觉统合能力是在游戏、运动和闲暇活动中发展起来的，因此我们可以设计一些类似游戏的读写活动，让孩子在玩中学，以提升读写技能。我和老同学一起给晓玲制作了一副特殊的扑克牌。

第二次的心理辅导是从玩扑克牌开始的。这副自制的扑克牌与其他扑克牌不同的是，一张牌就代表一个字。具体玩法是：两人各分一半牌，翻出牌来看谁先读出牌上的字，谁就获胜。胜利者可以把对方的牌收为己有，谁的牌多，谁就是最后的赢家。我故意读慢些让晓玲赢了好几回，她表现得异常兴奋，手舞足蹈的。通过玩牌，我更加清楚地了解了她的学习情况，这有利于我有针对性地对她进行读写辅导。晓玲的自制扑克牌随着所学生字的增加而逐渐增加。

第二次的心理辅导结束后，我们调整了近期的学习目标：听写正确率要达到80%—85%；能独立、正确、有感情地读好课文；能正确使用句号；错字减少到每周3个以内；书写的字迹较清楚，不出格；课前做好学习准备，在规定的时间内及时上交作业，认真书写，字迹较清楚。

同时，我给老同学的建议是，希望他们能够伴读，以便给晓玲提供额外的辅导。具体来说，就是先让晓玲选择喜爱而又符合她学习程度的读物，然后家长与孩子一起阅读。当她遇到不会读的字的时候，家长不要立刻把字读出来，而是先停顿，再提示孩子，引导孩子猜测读音，孩子猜对读音后给予称赞。家长伴读可以使孩子及时了解字的读音，比较容易理解文意及提高识字能力，从而提高阅读兴趣。

对晓玲的心理辅导持续了4个月。从期末老师反馈的情况来看，她的识字正确率比原来有了较大幅度的提升，期末考试时，识字、写字部分共 60 个字，她只错了 6 个，正确率为 90%；而在学期开学初的摸底考中，识字、写字的正确率只有 75%。据科任老师反映，晓玲写的字比原来清楚多了。老师认为她上课注意力比以前更集中了，持久性有了提升，能主动参与读写活动，并且在课前就能准备好下节课所需的学习用品了。

聆听手记

读写障碍指在阅读、书写或拼写方面出现的障碍。读写障碍一般在小学阶段比较常见。很多患有读写障碍的孩子，都被误以为是懒散和不专心。事实上，有读写障碍的孩子如能及早被识别，并接受适当的辅导，可大幅减少日后的学习障碍。

感官学习法对有读写障碍的学生很有帮助。学生在认字的时候，假如能够同时通过视觉、听觉、手指临摹、书写和身体动作来学习，可以加强记忆。家长可以利用儿歌、口诀和视频化的教材辅助孩子学习，这些均能起到较好的效果。

2 当尿床成为习惯
——如何帮助尿床的学生

这天，我在公益心理咨询热线值班，接到一位母亲打来的电话，咨询她已经上小学二年级的儿子小锋尿床的问题。小锋妈妈说，小锋去医院做过检查，生理指标均正常。5 岁以后原本不尿床了，但上小学后一遇到期中考试就尿床，期末考试时尿床问题更加严重。

我据此推断小锋的尿床是由学习压力和考试焦虑引起的，建议她带小锋来做一段时间的心理辅导。

周末，小锋和他妈妈如约来到心理辅导室。小锋个子不高，带着近视眼镜，长得很清秀。小锋妈妈说他从小就很乖，很懂事，但胆小。小学一年级时学习成绩蛮好的，但近期下降了。我问学习压力大不大，她说：“小锋很忙，除上课外，还要学拉丁舞、国画、围棋。他都学得很认真，棋也下得很好，经常去少年宫参加比赛。”我安排小锋妈妈到一旁休息，与小锋单独交谈。

我问小锋：“你感觉学习压力大吗？”他点点头，眼泪都流下来了。

“平时几点上床睡觉，几点起床？”

“晚上 10 点半睡觉，早上 6 点起床。”

“为什么这么早起床？”我追问。

“学校规定 7 点半之前要到教室早读，如果是双周轮到我做值日的话，早读前我就要把教室打扫完毕，并请老师检查，否则老师就会扣分。爸爸开车送我去学校，路上经常堵车，所以我要 6 点起床。除了学校的功课，妈妈还给我报了很多兴趣班，每天还要完成兴趣班的作业。”他边哭边说。

“你不想去上那么多的兴趣班？”我试探着问。

“是的，我不喜欢。但是如果不去，妈妈就会生气和唠叨。”他很无奈地说。

孩子被迫学习不喜欢的课程，家长对孩子期望过高，孩子活泼的本性受到压抑，父母过于唠叨等都可能造成孩子尿床。

我安慰他说：“不必担心，过一阵子自然就好了。”我这样说就是为了减轻他的心理负担。

他表面上对尿床的事满不在乎，其实心理压力还是蛮大的。我不想去刺激他敏感的神经，给他保留自尊。我给他做了一组放松训练，并告诉他，多休息，保证睡眠时间，尿床是可以改善的。同时，我叮嘱他，下午4点以后减少饮水量，晚餐时避免吃水分多的食物；晚上睡觉穿稍微厚实的裤子，以免肚子受凉。他点头表示会配合。

接着，我又与小锋妈妈交流如何帮助小锋克服尿床的问题。他妈妈也证实他每天都是6点起床，学习很辛苦。她说：“小锋读的学校，学生水平都很高，竞争压力的确存在。他上学每天单程就要40分钟。”

我对她说：“孩子明显睡得太少了。如果睡眠时间太少，常常一睡就睡得过深，有尿意时又难醒，就会尿床。”

接下来的心理辅导就是讨论如何保证小锋的睡眠时间和如何缓解他紧张的心情这两个问题。小锋妈妈觉得，考虑到他的学习精力有限，可以少报几个兴趣班。母子俩商量后决定暂时把国画班等挪到暑假。这样，他每天可以多睡一个多小时。小锋露出了灿烂的笑容，这种轻松是发自内心的。

而要解决尿床问题，就要建立起新的条件反射。我要求家长每天在小锋夜晚经常尿床的时间，提前半个小时或一个小时用闹钟将他及时唤醒，起床排尿，使铃声与膀胱充盈的刺激同时呈现。经过一段时间的训练，新的条件反射便建立起来，他就能够被膀胱充盈的刺激唤醒，达到自行控制排尿的目的。同时，不管天气有多冷，都要让他去卫生间小便。因为从卧室到卫生间要走一小段路，一方面有助于他清醒一些，另一方面有助于他建立相应的条件反射。

小锋在接受几周有目的、有计划的训练后，他的尿床现象有了明显好转，从经常尿床到偶尔尿床。

现在，小锋已经不再尿床，人也开朗多了，紧张的情绪得到了缓解。

聆听手记

尿床会影响儿童的自尊心与自信心，引发儿童注意力不集中、焦躁、多动、空想与孤僻等问题，进而导致体质下降，易患多种疾病，严重的甚至可能出现人格障碍。

父母不和，婆媳不和，家长对孩子管教过严、对孩子期望值过高、常责骂孩子、压抑孩子活泼的本性，孩子被迫学习不喜欢的课，父母过于唠叨，孩子因功课差有自卑感，转学换老师，不习惯新环境，用尿裤子的方式来吸引家长对他的关注等都可能造成儿童尿床。遇到不同的个体，老师需要排查具体问题，找到原因后再做有针对性的心理干预和训练治疗。

3 爱挤眉弄眼的学生
——如何帮助易面部抽动的学生

这天，在结束了一场关于儿童心理健康的讲座后，我正准备离开。这时，一个穿着绿色外套的中年女子拉着一个十一二岁的男孩从后排挤了过来，焦急地对我说："老师，能不能再耽误您几分钟？我知道您很辛苦了，可是……"她的话音里透着歉意。

我发现她身边的男孩不停地对我挤眼睛，嘴角还不时地抽搐。我心里一动："没关系，你说吧。"

"谢谢！"她鞠了一躬，接着说，"老师，这是我儿子小雷。您看看他，老是这样挤眉弄眼的，是不是得了什么病？"

我仔细地观察了小雷的脸，问道："像这个样子有多久了？"

"快两个月了。"她焦急地看着我说。

"去医院检查了吗？有没有身体上的什么疾病？"我问道。

"去医院看过了，没查出什么病。医生说有可能是心理问题，可是我们这里是小地方，没有心理医生的门诊。"她急得语速都快了很多。

我赶紧安慰道："你先别着急，像小雷这样的面部抽搐，既有可能是生理原因，也有可能是心理原因。我们先要排除生理方面的疾病，再从心理层面来解决问题。"

"哦！"她似懂非懂地点点头。

"他现在读几年级了？成绩怎么样？"

"他现在读小学六年级，学习成绩还是蛮好的。"她回答道。

"学习压力大吗？"我问小雷。

“大！”他的面部抽搐了一下回答道。

“他志气还是蛮高的，一直想考我们这里的重点中学。”小雷妈妈抢着说，语气里还透着一种自豪感。

我点了点头，然后把她拉到一边低声地问道：“你们家庭环境怎么样？比如说，你和他爸爸的关系怎么样？”

她的神色立马黯淡下来，有些忧伤地说：“能怎么样，人都不太看得到，好不容易回来了，也是三天一小吵，五天一大吵的。”

我对她说：“如果小雷的面部抽动问题是心理原因，那很可能是家庭气氛紧张和学习压力过大造成的。我建议你先带他去大医院做一个全面检查，排除了生理方面的因素后，再来心理辅导室进行心理干预。这是我的联系方式。”说着我把名片递给了她。

她小心地接过名片，拉着小雷给我鞠了一躬，道谢走了。

数天后，小雷妈妈带着小雷来到了心理辅导室。

为了观察小雷的面部抽搐情况，我提议先让他做一项体育运动。他说他喜欢打羽毛球。于是，我们的心理辅导就从打羽毛球开始。我从他发球开始观察他的面部表情，一旦发现他可能分神，就提醒他要集中注意力，眼睛要认真观察球的运动方向。他投入地打球，转移了对面部抽动的注意力。半个小时运动下来，小雷妈妈很兴奋，因为她发现儿子在打羽毛球的时候面部没有抽动，这也增强了小雷克服面部抽动的信心。

除了打羽毛球外，我还让小雷回忆，近来有什么时候是不会出现面部抽动的。他说，下课的时候、上体育课和计算机课的时候，感觉自己不会面部抽动。我引导他分析原因，他觉得主要是对这些课比较感兴趣。

第一次心理辅导结束后，小雷明白了自己的面部抽动不是每时每刻都发生的。在做自己感兴趣、觉得轻松的事情的时候，面部就是正常的。澄清了这一点后，压在他心里的石头落了地。

第二次心理辅导的时候，我采用了绘画的方法。借用绘画来反映家庭人物之间产生的动态现象，能有助于深刻理解当事人在家庭中的互动关系。通过家庭动态图，当事人还可以投射家庭成员彼此间的能量流动。这些能量能够反映出当事人的活动层级、沟通层级，反映出他的焦虑、逃避或冲突程度。因此，我想让小雷画家庭动态图，来帮助我进一步了解这个问题的根源。于是，我让他做深呼吸，先调整一下情绪，然后拿出一张纸和一支笔，让他画出自己的家人。

我说："你在这里画一幅画，可以自由地把你和你的家人画下来。"

他想了想说："我想用动物来代替我的家人，可以吗？"我微笑着点点头。

他先在纸的中下方画了一公一母两只兔子，说这是他和他的妈妈，正在沙漠的绿洲边玩。他妈妈提醒他说："小心点！"站在他们后面的是一只大黄蜂。他说这是他的爸爸。他还特意强调大黄蜂会蜇人，要离得远远的。

从画面来看，他跟他妈妈的关系比较亲密，跟他爸爸的关系则比较疏远，而且很敌对。他把自己画得比较小，给人感觉他不够自信，也缺乏安全感。

"你很害怕爸爸吗？"我试探着问。

"是的。他很粗暴。"

"是对你粗暴还是对妈妈？"

"主要是对妈妈。"

每次他爸爸妈妈争吵的时候，也是他面部抽动最厉害的时候。只有他的面部抽动了，父母的争吵才会停止。他就是用这种方式来平息父母的矛盾的！要真正解决他的面部抽动问题，就要从改善他的家庭关系入手，所以，我建议第三次心理辅导时让他爸爸一起来参加。

同时，我向小雷的妈妈提出，这个病的症状在小雷紧张、着急时加重，放松时减轻，睡眠时消失。因此，当小雷面部抽动发作时，不要强制他控制，最好采用转移法。如发现他面部抽动明显时，可以让他帮着做些轻松的活儿，以减轻由抽动带来的紧张、焦虑情绪，通过肢体有目的的活动逐渐缓解抽动症状。切记不要在小雷出现面部抽动症状时用语言甚至体罚的方式进行纠正，或表现出过分担心的样子，而要多拥抱、鼓励他。

第三次心理辅导时，小雷说这段时间面部还是会不由自主地抽动。于是，我采用了逆转意图疗法，让他主动收缩面部肌肉，并规定较高的频率，直到出现疲劳感为止。我要求他每天重复做，经过多次训练，便会心生厌恶而达到停止的效果。

小雷妈妈对我说："上次来过之后，小雷好了一两天。后来他爸爸的喉咙一响，小雷又犯病了。我叫他爸爸少说两句，就是不听。小雷的病都是他爸爸害的！"

小雷的爸爸马上反驳："一派胡言，就因为你事事替他做，袒护他，才害得他一考试就紧张！老师，我儿子的病什么时候可以治好？"

我回答："我这里不治病，只提供心理辅导。他的情况什么时候能好转，取决于你们全家人能否积极配合。"

我向他们做了有关面部抽动症的一些介绍后，转过身问小雷最近感觉怎么样。

他说："一看见爸妈争吵，就觉得心里很烦。"

小雷爸爸说："都是他妈妈宠他、惯着他的结果。"

至此，家庭交互作用的模式与问题系统已反映出来：父母之间与亲子之间的情感交往不良，母亲袒护孩子，父亲责怪孩子，父母对孩子的教育态度不一致，使孩子无所适从，而父母又因孩子的面部抽动相互责备。

经过几次心理辅导后，小雷的父亲认识到要多关心孩子，应抽出时间多陪伴孩子，主动跟孩子聊天、做游戏，辅导孩子做功课，而小雷母亲也认识到要放手让孩子有更多独立成长的机会。同时，夫妻俩都决心要放弃争吵。

此后，小雷的面部抽动情况逐渐减少，几个月后消失了。但家庭互动模式的改变是一个艰难的过程，对这个家庭的心理辅导仍在继续。

聆听手记

儿童的面部抽动症常与家庭有关，常见的病因有父母对患儿提出过高的学习要求、责备过多、遗传等。家长过多干预可能使儿童产生情绪障碍，特别容易出现焦虑和紧张等情绪。精神上的刺激，或患儿近期遭受意外事件，如生病住院、遇见危险等，都可能成为诱因。

家长、老师可以运用行为弱化疗法帮助面部出现抽动的孩子，不要当着孩子的面跟别人提及病情。孩子在面部抽动症发作时，家长和老师不要提醒或训斥，而是采取分散注意力的方式，如与孩子谈些轻松的话题，或让孩子去做些感兴趣的事情。当然，最有效的办法就是找出面部抽动的诱因，然后予以解决。小雷面部抽动的原因来自家庭矛盾，只要家庭和谐了，他的面部抽动情况自然就消失了。

4 好想睡个好觉
——如何帮助学生战胜失眠

这天，同事介绍的一对父女在约定时间来到了心理辅导室。父亲衣着邋遢，女儿看上去无精打采，精神萎靡。

“老师，最近不知什么原因，我女儿海燕不肯一个人睡觉，一定要我看着她睡觉。她说一个人睡不着。前几天，我半夜起来上厕所，还看见她坐在床边。我催她快点儿睡觉，她说睡不着。”我刚招呼父女俩坐下，海燕的父亲就迫不及待地向我介绍起了情况。

我征求海燕的意见，是希望我跟他们一起交谈，还是希望与我一对一交谈。海燕希望她父亲先回避。

“刚才，你爸爸介绍的情况是真的吗？”我问道。

她点点头，眼角泛起了泪花。

通过交谈，我了解了大致的情况。海燕是小学五年级的学生，就读于一所知名小学。半个月前，她妈妈被派到国外工作了。在是否去国外打工的事情上，她的父母思量许久，挺纠结的。最后，她父母觉得这个赚钱的机会实在太难得了，不能放弃。于是，她妈妈选择了出国。

说来也奇怪，妈妈这一走，海燕晚上就睡不着觉了，还经常做噩梦，特别想妈妈，也特别担心妈妈。因此，我给她做了意象对话辅导。

我说：“现在我们来做个放松。你躺在那里，闭上眼睛，注意力集中在呼吸上面。好，现在你想象自己是一支正在燃烧的蜡烛，从头到脚，慢慢融化。跟随我的指导语，放松身体的每一个部分……想象自己走在一条路上，与平时完全不一样的路。你走在这条路上，往前走。看见一个磨盘，看看是什么样的？”

海燕回答：“黑的，很大，两层。”

我问：“谁在推磨？”

海燕回答：“一个女人，只见到背影。”

我问：“告诉我，你看见的背影是什么样的？”

海燕回答：“长直发，穿着蓝色上衣，黑色裤子。”

我问：“她现在在推磨，感觉怎么样？”

海燕回答：“不累。”

我问：“看见她在磨什么了吗？”

海燕回答：“看不见，应该是小豆子吧。”

我问：“你在哪里？”

海燕回答：“我现在走到她旁边了。”

我问：“现在想象一个力气很大的人一下子把磨盘掀起来了。看看下面有什么？”

海燕回答：“我看到书本和作业本，还有压在书本下面的东西，看不清，应该是玩具吧。”

我问：“你喜欢这些书本和作业本吗？”

海燕回答：“不喜欢。”

我说：“你看着这些书本和作业本，看一会儿。当你觉得可以的时候，走近一点儿，看看有什么变化。”

海燕说：“变得干净了。”

我说：“如果你愿意，可以去摸一摸这些书本和作业本。现在感觉怎么样呢？”

海燕回答：“没有刚才那么讨厌了……”

我说：“很好。现在你和它们告别，慢慢回来。在回来的途中，经过一片小树林，非常静谧，只偶尔听得见几只小鸟叫。你享受一下这份宁静，再回来。”

通过意象对话，我了解到海燕的失眠问题表面上是因为想她妈妈，实际上还是与近来的学习压力有关。

接下来我带她来到了蹦床边，让她脱下鞋子。我告诉她，可以放下一切，想怎么跳就怎么跳。我放了一首欢快的乐曲，她跟着音乐的节奏跳了起来。大约过了 10 分钟，我又放了一首节奏舒缓的歌，让她的情绪慢慢地恢复平静。我看着她闭上双眼，自在地躺在蹦床上，让自己完完全全地放松。

心理辅导结束前，我对父女俩说："人的睡眠情况是各不相同的。一段时间里睡眠差点儿并不是大问题，不会影响自己的身体。你们想想世界上还有好多人患失眠症呢，他们仍在正常地生活、工作。不要认为昨晚没睡好，今晚也会睡不着。要身心放松，偶尔睡不着挺正常的，不要有'求睡'的心态，这样睡意反而会不期而至。"

第二天一早，我就接到了海燕父亲的电话，说他女儿昨晚睡得很好。

第二次心理辅导时，我先让海燕在蹦床上玩了一会儿，然后将一个鸡蛋大小的人造水晶球放在她眼前 30—50 厘米处，让她睁开双眼凝视这个球，并保持一段时间。当她集中精力注视时，我逐渐由远及近、由高及低地移动水晶球，同时暗示她："你的眼皮会感到沉重，疲劳到不想睁开眼了，全身的肌肉也疲劳无力了，你非常沉静、轻松，眼皮就要闭上了……睡吧！……睡吧！"

当她闭上双眼后我立即说："你已入睡了，眼皮再也睁不开了，全身也无力了。现在你的心绪应该很舒畅了，将会逐渐地进入深深的催眠状态中，不久即可进入甜美的梦乡，那将是个无法形容的境界。从今夜起，你将可以从睡不着的苦闷中解脱出来，会有睡不着也不在乎的心态。所以你将会毫无顾忌且很快地进入梦乡，并且在不知不觉中进入快乐的梦境，到明天就能以非常舒爽的心情去迎接新的一天。你不妨打个大哈欠，或者想些开心的事大笑一番，这样就能保持快乐的心情！"接着，明确她已被催眠后提示："今天的催眠结束后，你在醒来后会感到轻松、愉快，豁然开朗，精力充沛。你的睡眠也会非常好，非常舒服，非常舒心。"在她休息一段时间后，我唤醒了她。

针对海燕的情况，我希望她的家长能够让她感受到父母对她的关爱、对她的支持，建议她母亲经常跟她进行视频聊天。同时，希望她父亲给她布置一个舒适的房间，让她每天都在相同的时间上床睡觉。睡前一段时间要避免让她接触容易让她兴奋和恐惧的事情，创造一个轻松、安宁的环境，为睡觉做准备。最后，我也向父女俩介绍了一些改善睡眠的方法。

两周后，海燕的精神状态有了明显好转。她父亲兴奋地告诉我，女儿不再害怕睡觉了，半夜也不做噩梦了。不过，他还是希望再做几次心理辅导。我从减轻海燕学业压力的角度考虑同意了他的请求。

我先带海燕做了几个小游戏，然后提议我们一起听音乐。我让她想一想这几天来自己觉得最开心的事情，记住它。接着我们一起看了一段 3 分钟的视频：有高山、流水、森林和小鸟等自然风光。再将音乐换为《水边的阿狄丽娜》，请她记住大脑中浮现的景象；又把音乐换为《梦幻曲》和《月光》。她一边听音乐，一边想象各种景象。音乐结束后，她告诉我定格的场景是：蓝天白云下有一个绿树掩映的岛屿，岛屿正中间是一个院子，院里出现的是他们一家人幸福生活的场景。

通过多种方式的训练后，海燕学会了放松，学会了用积极、轻松的心态面对她妈妈离开的日子。

聆听手记

在我的咨询记录里，来咨询睡眠问题的小学生并不多，偶尔有假期里迷恋看视频或打游戏，影响昼夜节律，导致出现睡眠问题的小学生来做辅导的。通常情况下，采取调整作息时间，增加体育锻炼等措施，这类学生的情况就会好转。

在本案例中，父母的庇护不但没能使海燕茁壮成长，反而让她在面临压力时束手无策，无法经受打击和考验，睡眠问题由此而生。

音乐放松疗法是学生心理辅导中常用的方法之一。它是通过生理和心理两个方面来治疗疾病的。一方面，音乐声波的频率和声压会引起人生理上的反应。人处在优美、悦耳的音乐环境中，神经系统、心血管系统、内分泌系统和消化系统的功能会得到改善，会促使人体分泌一种有利于身体健康的活性物质，可以调节体内血液的流量和神经传导。另一方面，音乐声波的频率和声压会引起人心理上的反应。音乐能提高大脑皮层的兴奋性，改善人们的情绪，激发人们的感情，振奋人们的精神。同时，音乐有助于消除由心理、社会因素造成的紧张、焦虑、忧郁等不良心理状态，提高应激能力。

5 闲不住的学生
——如何帮助患儿童多动症的学生

最近因为工作忙，有两个星期没去看望父母了，接到母亲电话的那一刻，我才意识到这一点。

我家离母亲家不远，开车只有半个多小时。周末，我来到了母亲居住的小区。进门一看，只有母亲一个人坐在沙发上看电视。一看见我来了，她拖着年迈的身躯从沙发里站了起来。我赶紧走过去扶她坐下，问道："就您一个人在家，爸呢？"

"社区叫去开会了。"母亲一边说一边起身为我倒茶。

我赶紧说："妈您坐着，我自己来。"

这时，外面传来了敲门声，我放下茶杯去开门。打开门一看，不是爸爸，而是一个老太太带着一个八九岁的小男孩站在门口。

"您是……"我狐疑地看着他俩。

"是刘奶奶啊！快进来。"母亲也来到了门口。

"您家有客人哪！"刘奶奶迟疑地站在门口。

"哪是什么客人啊，是我女儿。"母亲一边说一边请刘奶奶进屋。

刘奶奶的表情放松下来了，跟着母亲进屋在沙发上坐下，我又泡了两杯茶递了过去。

"这是邻居刘奶奶和她的孙子小浩。"母亲指着两人重新给我介绍了一番，"刘奶奶的儿子、儿媳妇都在外地工作，孙子一直是由她带的，你们不来的时候也就是我们老姐妹聊聊天。"

"那真是太好了！有刘奶奶陪您解解闷我也放心了。"说着我给小浩拿了些零食。

小浩对零食似乎没什么兴趣，自顾自地拿着遥控器转换电视频道。我留意了一下，他看电视时的注意力不太集中，频繁地在各个频道间转换，甚至连动画片频道也不会停留超过两分钟。

不一会儿小浩就坐不住了，起来去拨弄我爸的盆景，还不时地扯下一两片叶子。刘奶奶看见急了："小浩，那个不能玩，那是你爷爷的宝贝啊！"说着，把盆景往高处挪了挪。

被喝止住了的小浩回到座位上，眼睛四处打量。不一会儿又坐不住了，跑到餐桌边搬起椅子。

"你说这个孩子怎么那么顽皮，一分钟都安静不了。"刘奶奶边说边跑过去把小浩拉扯了回来。

见此情景，我忍不住问刘奶奶："小浩在学校里也这样吗？"

"哎！"刘奶奶长长地叹了口气，"也这样。上课的时候坐不住，老是做小动作，还打扰同学。为此老师经常叫家长去学校，可他爸妈经常出差，我一个老太婆知道什么啊！"

"小浩的学习成绩怎么样呢？"我想确认一下，于是问道。

"班里倒数第一。我也不指望他学习成绩好，只要少给我惹祸就行了。"刘奶奶一脸愁苦地说。

"不是倒数第一，是倒数第二。"小浩不服气地插嘴说。

为了多了解小浩的情况，我让妈妈带小浩出去买零食，把刘奶奶留在我家里。

"老师是怎么说小浩的？"

"老师说小浩可能有一种病，叫什么动，让我们带他去看医生。可是我懂什么啊！"刘奶奶无奈地说。

"小浩有可能是儿童多动症。"我认真地对刘奶奶说，"这是我的名片，您老让小浩的父母给我打电话，我和他们解释，最好尽快治疗。"说着我把名片递给了刘奶奶。

看见我严肃的表情，刘奶奶也不敢大意了，接过名片说："我现在就打电话，让小浩的爸爸妈妈和你聊聊。”

在电话里，我建议小浩妈妈先带小浩去医院进行诊断，再决定是做心理辅导还是心理治疗。

之后，小浩的妈妈打来电话告知我医生的诊断结果：小浩的表现属于儿童多动症。为了配合医生治疗，在服用药物的同时，我对小浩做了心理辅导。

第一次心理辅导是从玩游戏开始的。小浩在心理辅导活动室里玩起了蹦床，他玩得很开心。蹦了一会儿，他觉得累了。在我的鼓励下，他又玩起了积木。小浩的妈妈在一旁很是不解，不知道玩积木、蹦床跟多动症有什么关系。我做了解释，玩游戏是对小浩进行感觉统合训练，是配合医院治疗儿童多动症的有效措施之一。

第一次心理辅导结束时，我建议她带小浩到专门机构进行感觉统合训练，她表示愿意去尝试。同时，我还就小浩的饮食给出了建议。

第二次心理辅导时，我们就小浩回家做作业时总要去厨房找食物的问题进行了讨论。我希望家长尽量给小浩安排一个较为安静的学习环境，周围不要放置可引起他分心的玩具或其他物品。同时，我试图通过消退疗法来纠正小浩的不良行为。我与小浩约定，做作业的时候，让奶奶把厨房的门锁上。奶奶不要去关注小浩是否饥饿。当小浩提出要吃东西时，家长可采取漠视、不理睬的态度。我事先提醒家长：消退疗法开始时，小浩做作业可能会更加不专心，小浩的情绪反应也可能更加激烈。这时候家长必须坚持，不能妥协，只有这样才能起到良好的效果。

接着，我们又就如何遵守课堂纪律的问题进行了探讨。小浩在课堂上既喜欢说话又喜欢搞小动作，令老师反感、同学讨厌，家长也非常无奈。我跟小浩商量，先从上课时减少讲话次数开始改，一步一步地减少违反课堂纪律的行为。按照小浩自己的统计，他每节课的说话次数在 10 次左右。我们制定的目标是，每节课的说话次数减少到 5 次以内，每节课达到目标便可画一朵小红花；说话超过 5 次，则画一个黑圈；每画一个黑圈，就扣除一朵小红花；一周或两周结算一次，如累计得 10 朵或 20 朵小红花，就可以换取他喜爱的礼物一份，如玩具、篮球、一顿自助餐等。为了便于他消除不良行为，我建议家长与班主任沟通，让他坐在第一排，以便老师对他进行督促和指导。同时希望老师多向小浩提问，但问题不要太难，只求提醒他集中注意力即可。

一个月后，小浩达到了要求，我们又提高了标准，要求一节课说话的次数不得超过 3 次，累计得 10 朵小红花后就可以换奖品。一个学期后，又提高了标准，每节课都不能随便说话，直至彻底改掉这个毛病为止。改掉了上课说话的毛病后，我们又用同样的方法帮助他改掉了上课搞小动作的坏习惯。

聆听手记

儿童多动症的发病原因至今还没有一个明确而肯定的说法。当孩子出现注意力不集中、小动作多、不专心听讲、边做作业边玩、抄错字或漏字、学习成绩时好时坏、冲动、任性、自控力差、言语过多并顶嘴、说谎，有时还骂人、打架、纪律性差等状况，家长就有必要请专业人士进行相关症状的排查。有些儿童的多动症状并未引起家长的重视，被家长误认为“顽皮”“淘气”“不听话”，而延误了最佳治疗时机。这样不仅会影响孩子的学习成绩，甚至会影响他成年后的生活质量，对孩子的身心发育造成严重后果。

6 检查，检查，再检查
——如何引导有强迫倾向的学生

这天，我在社区做心理卫生的科普宣传工作。临近中午，聚集的人群渐渐散去。我注意到树荫下站着的一个中年妇女远远地望着我们。其实，我早就注意到她了——她孤零零的身影和脸上忧郁的神情显得那么与众不同。

我拿起一本宣传手册起身向她走去。“你好！有什么可以帮你的吗？”我一边说一边把手里的小册子递给她。

她接过小册子，看着我犹豫了一下说：“老师，我儿子总是反反复复做一件事情，是不是神经有点儿不正常？”

对方一开口我心里就咯噔一下。“能具体介绍一下吗？”我问。

“我儿子叫小锐，今年 11 岁，上小学五年级。他性格很内向，不爱说话，但很懂事，自己的房间总是收拾得井井有条。”说到这里，她的脸上露出一丝满意的表情。

“那你刚才说小锐反反复复做一件事指的是什么呢？”我追问。

“小锐总觉得自己数学作业做得不对，要反复检查。”

“光数学这样呢，还是其他学科都这样？”

“其他的也这样。”她叹了口气说。

“在日常生活中有没有类似的情况呢？”我想了解得更详细一点儿。

“平时也有这样的事情。比如，他总会反复检查书包，看看书带全没有，还会不停地反复洗手。”她边说边看有没有人走近。

听到这里，我心里多少有点儿数了。看看今天的环境确实也不太适合长谈，于是我拿出名片，对她说：“小锐有可能是有点儿强迫倾向。这是我的联系方式，改天你带小锐到心理辅导室来，好吗？”

她接过名片小心地放入衣袋：“谢谢老师！”

几天后，小锐和他妈妈来到了心理辅导室。我了解到的大致情况是这样的：小锐的父亲是某公司的部门负责人，母亲是商场售货员，工作三班倒，三口之家，较为和睦。他们家经济条件较好。他父亲在工作上非常努力，对他的期望也很高，特别重视考试名次，总说：“儿子，你要争气呀！”他母亲在卫生方面，每次都要求他洗手消毒后才能用餐。内向的小锐非常富于幻想。有一次考试，他遇到了难题，无意中想起了以前听过的歌曲，立刻责备自己不够专心，告诫自己不要去想，应该集中注意力。可是，越是这样想，就越是无法控制自己。做完试卷后，他总要逐字逐题地检查五六次。

“一到考试就烦躁不安，总害怕出错，明知道是对的，可就是内心很不安。”小锐痛苦地说出了自己的真实情况，“我也很讨厌自己反复检查的行为，越检查错得越多，可还是会一遍遍地检查。”

“老师，您帮帮他吧。”小锐妈妈对我说。

我跟小锐聊了很久，纠正了一些他思想中的不合理观念。从他越来越放松的表情中可以看出，他收获颇丰。接着，我又对他进行了思维阻断疗法的训练。先指导他进行身体放松。然后，让他回忆、再现那些使他烦恼的念头、想法或思维活动。一旦头脑中开始出现清晰的强迫想象，他马上举手向我示意。这时我喊“停”，用木槌用力敲一下桌子。当我让他停止时，他也大声命令自己停止想那些东西。这样的训练我们重复了十多次。

第二次心理辅导时，我们仍旧进行思维阻断疗法的训练。只是，当他举手向我示意时，我已经不需要使用木槌等任何辅助手段，仅大喝“停止”即可。接着，我们又讨论了如何面对仍会出现的强迫倾向行为或念头。我们得出的结论是，可以尝试去接受它。当有强迫症状时，不去浪费力气自责。不就是多关了几次门嘛，没什么大不了的。当然，也可以在关门的同时，大声地告诉自己，确信门已经关好了。当出现强迫性冲动时，还可以转移注意力做其他事情，并且在心中确认已经小心地关上门了。

第三次心理辅导时，我们继续进行思维阻断疗法的训练。当小锐的头脑中开始出现清晰的强迫想象时，我不再大喝“停止”，而是由他大声命令自己“停止”。为了巩固思维阻断疗法训练的成果，我采取了转移注意力的方法，跟他打了 20 分钟的羽毛球。

此后，我们拉长了心理辅导的间隔时间，从每周一次改为隔周一次，后来又延长为每月一次。在对他进行心理辅导的同时，我也与他的家长进行了交流，希望他们调整对孩子的期望值。家长表示愿意配合。

如今，小锐已经改掉了考试时反复检查，越查越错的毛病，每天也能正常洗手了。只是在考试前夕，在关门的举动上，有时会反复纠结几次，还是需要一边关门一边小声地对自己说：“我确信门已经关好了。”他接纳了自己的行为，对反复关门的行为不再抗拒。

我向小锐的父母表示，必要时可以继续来做心理辅导。

聆听手记

有强迫倾向的人清楚地知道这些观念和行为其实完全没有必要，但自己无法对其加以控制。思维阻断疗法又称思维控制疗法、思维停止疗法。它是一种治疗强迫思维的技术，是在来访者想象其强迫思维的过程中，通过外部控制手段，人为地抑制并中断其思维，经过多次重复，促使强迫思维症状消失的一种心理治疗方法。通常，思维阻断疗法与放松疗法、厌恶疗法一起使用，效果会非常明显。

有些儿童的谨慎、胆小、害羞、思考问题过多等性格特点，容易诱发强迫倾向。家长对儿童的教育方法不当，如过于严格、苛求，作息制度过于刻板化等，也可能成为诱发因素。

对有强迫倾向的学生，老师应鼓励他多参加集体活动，培养多方面的兴趣爱好，如唱歌、跳舞、听音乐、打球、跑步等，以建立新的大脑兴奋灶，抑制强迫倾向的兴奋灶，转移对强迫倾向的高度关注。一旦发现孩子有强迫倾向，家长就需要及时带孩子到专业的医院进行相应的治疗，以免耽误病情。

7 跟同桌学来的口吃
——如何帮助学生矫正口吃

这天晚上，我正在写教案，突然接到表妹的电话。

“我朋友的儿子结巴得很厉害，想请你帮忙看一下。”

“你朋友儿子的具体情况是什么样的？”

“她儿子叫小阳，今年 9 岁，上小学二年级。原来说话还好好的，可是自从上了二年级以后，说话就开始结巴了。她很生气，每次听见小阳说话结巴就骂他，越骂他就越结巴，后来他干脆连话都不愿意多说了。”

我建议表妹让他们来心理辅导室坐坐。

第二天中午，我在心理辅导室里听见有人敲门。打开门一看，门口站着表妹提到的那对母子。

小阳的母亲把小阳推到前面：“快叫老师好！”

小阳看上去很紧张，身子往后缩：“老——老——老师——好！”最后一个“好”字他使劲儿憋红了脸才说出来。

“你们好！快请进吧。”我把他们让进屋里。

等到他们坐定，我仔细观察了他们。小阳的妈妈中等身材，穿着很得体，皮肤保养得不错。小阳长得眉清目秀，很讨人喜欢。

“小阳，你喜欢看动画片吗？”我亲切地问。

他用眼角瞅瞅我，点了点头。我把他带到电脑前，打开了一部动画片让他看，然后问小阳妈妈：“小阳多大开始说话的？”

“快两岁了才会说话，当时把我们急坏了，以为他不会说话了。”

“那么开口以后他说话怎么样？”我继续问。

"总说错。我和他爸爸老是纠正他。"她喝了口水说。

"那之后呢?"我一边给她续水一边问。

"长大了倒是好了一些，但是，最近说话又结巴了。"看得出她很焦急，"一年级的时候还好好的。读到二年级，刚开始有一点儿结巴，现在结巴得越来越厉害了。哎！怎么办呢?"

这时，我听到动画片也放到尾声了，起身走到电脑前关掉了动画片，把小阳拉到他妈妈的边上坐下。

"小阳，你在学校里是不是认识了很多好朋友?"我笑着问。

他点点头。

"这些好朋友里面是不是有一个说话和你一样的?"我耐心地启发道。

小阳看了他妈妈一眼，还是点点头。

"你是不是学他说话了？"我的语气很温柔。

"嗯！"他的回答几乎是从嗓子眼里挤出来的。

"为什么要学呢?"我装出一副好奇的样子。

"我——我觉得他——他说话好——好玩，就——就学了。"

原来，上了二年级后，班上转来一位新同学，老师安排新同学跟小阳做同桌。这个新同学患有口吃。小阳觉得好玩，下了课常学同桌说话的样子闹着玩。可是，学着学着，小阳说话也变得结巴起来了，回到家里，也不能流利地说话了，为此小阳的父母很着急。

我对小阳的妈妈说:"孩子的口吃很大程度上是学来的，通过正确矫治是可以纠正的，不必紧张。你们的紧张情绪会加剧他的口吃。"

她长长地舒了口气:"那真是太谢谢了。他该怎么矫正?"

看着她轻松下来的样子，我笑着说:"不急，要纠正孩子口吃，你先放慢说话的速度。拉长音节，一个字一个字慢慢地说。这样吧，我们今天的辅导就从慢慢说话开始。"

"我慢慢地说。"她深深地吸了一口气，明显地放慢了说话的速度。

我先给小阳做了一个身体放松训练，引导他按颈、肩、双手、胸、腰、双脚的顺序，做由紧张到放松的练习。即先绷紧该部分的肌肉，体会什么是紧张，然后放松，体验放松的滋味。熟练后，深吸一口气，长长地发出“松”的拖音。随着声音，由颈顺着肩到脚，使各个部位全部放松。熟练后，只要深吸一口气，不出声呼出，用意念由颈至脚把全身“推”松。这样在想放松时只要做做深呼吸就能放松。

接着，我又给他做了个心理放松训练。放松，静坐，闭目，吟诵以下句子：“每个人都可能口吃，多点儿少点儿而已。”“口吃是我自己紧张造成的。”“有点儿口吃没啥大不了，我在其他方面并不比他人差。”“只要我放松地说话，就一定能说得好！”

第一次心理辅导结束时，我给他布置了作业。每天早晚自我训练半小时。静坐，闭目，做全身放松。然后，深呼吸，连续重复说一个句子，慢慢地朗读教材 15 分钟。再想当天要做的一件事情，自言自语地说一遍。最后，闭目，静坐，心中默念以下句子：“我的口吃已经治好了。”“我一切正常，不比别人差。”“人人都可能口吃，偶尔口吃没关系，不必管它。”“牢记缓慢、轻柔，保证没问题！”

我要求他每做一次，就在练习表格上画一个记号，要做足 60 次。

第二次心理辅导时，我让小阳尝试读报纸。我先引导他放松心情，并播放了轻音乐，让他边听边读报纸，不用紧张，就当作消遣。我想让小阳通过读报练习把话读得完整、流畅。

然后，我又和他一起把一些常用的句子整理好写下来。开始训练时，句子越短越好。一字一句看着来读，要求每个字只读一遍，不重复。可以把速度放慢一些，读不顺畅时，宁愿稍作停顿也不要重复。

接着，我们一起练习说话。说话时拉长音节，放慢速度，调整呼吸。我们一起朗诵了课本里学过的诗歌，还唱了儿歌。

同时，我还尝试通过书写疗法帮助他矫正口吃。医学博士奥梅尔钦科在研究口吃的病因时发现，人讲话和写字有某种内在联系，一般口吃患者写字时会急于求成。他受到启发，着手做了一次有趣的试验。他挑选了 100 名口吃患者。第一天，先让他们用平时惯用的字体抄写一段文章，再让他们用印刷体工工整整地重抄一遍。由于印刷体笔画规矩，书写费时，没有耐心是抄不好的。而奥梅尔钦科博士则严格要求每位患者都必须一笔一画地书写。接着，他规定受试者每天用印刷体写一定数量的文字，但不准用自由体书写。经过两个多月的“治疗”，大部分患者养成了一笔一画慢慢写字的习惯。由于条件反射，他们说话时也变得慢条斯理，不慌不忙，从而也就不再结巴了。这种无须打针吃药、简单易行的疗法治愈了许多口吃患者。所以，在征得小阳家长的同意后，我让小阳在心理辅导室里练习书写汉字，尝试通过书写疗法矫正他的口吃。

第二次心理辅导结束时，我又给他布置了作业。看新闻时，模仿播音员说话，不需要从头到尾整篇地跟着说，哪句听完整了就跟着说哪句。尝试跟一些平时不认识的人打招呼，只说一两句简单的话。可以试着和商场售货员或邻居家的小孩打招呼……因为不认识这些人，所以跟他们说一句话，可以排除心理压力。想好了再说，尽量把一句话说流畅。说话时不要急，要慢慢说，不重复。同时，我要求家长不要过分关注他的口吃，以免造成他说话时过于紧张。这对他纠正口吃是很不利的。

聆听手记

孩子模仿别人口吃的行为，往往会受到家长严厉的斥责、制止。殊不知，这样的态度反而让孩子会因此一下子就记住了什么是口吃，再说话时，就可能会自动地模仿。

还有一种情况是，孩子学习口吃时引起周围人哄笑。受到了他人的关注和鼓励，他会变得更加兴奋，就有意地学习口吃了。这种情况也会让孩子把口吃的行为保留下来。

越是与口吃做斗争、势不两立，发生口吃的现象就越多，对人的刺激就越大，从而形成恶性循环。反之，采取顺其自然的态度，与口吃和平共处，不与口吃做斗争，对人的刺激就越小，可以增强自信心，形成良性循环，这样才能摆脱口吃的困扰。口吃是一种习惯，是可以通过努力改变的！

8 瞬间失聪的学生
——如何应对儿童转换型癔症

一天，上课铃响过后，学生们快速回到教室。除了教室里偶尔传来的充满稚气的朗读声，校园里显得那么安静。

我坐在办公桌前，整理要上报的各类材料。这时，门被重重地撞开，一个满头是汗的男生冲了进来，满脸惊恐地对我说："老师，不好了，小莹听不见了。"

听完他这句没头没脑的话，我立马站起来问："怎么回事？你是几班的？把话说清楚。"

男生看我这么说，定了一下神："我是四年级（3）班的。我们班在运动场上体育课，小莹不知道为什么听不见了。体育老师张老师派我来找您。"

这时我才多少明白了一些，于是和那个男生一起跑去运动场。

来到运动场，看见张老师正站在一个小女生面前不停地说什么，边上围着一群学生。我走过去分开学生问："张老师，怎么回事？"

张老师抬头看见我来了，直起了腰对我说："是这样的，小莹不知为什么和小萍吵了起来，等我发现的时候她已经听不见了。"说着用手指了指小莹和小萍。

我转身问小萍："事情的经过是怎样的？"

小萍感到自己闯大祸了，胆怯地看着我，小声地说："小莹说我跑步跑得难看，我就和她吵起来了。"

"你还推了她！"边上的一个女生打抱不平地说。

"你看见了？"我问她。

“是的。小莹说动画片里的那只鸭子跑得真难看，没有说小萍。但是小萍以为在说她，就骂了小莹，还动手推了小莹。”她一边说一边用手指着小萍。

弄清楚原委后我对张老师说：“小莹我先带走，你继续上课吧！”说完我牵着小莹的小手离开了运动场。

来到心理辅导室后，我让小莹坐下，倒了一杯水递给她说：“没事的。我知道是小萍冤枉了你，我会和班主任沟通的。你把水喝了，过五分钟就会好的。”

她接过水喝了下去。从她的动作中，我感觉她能听到我说的话。我把桌上的玩具往她那里挪了一下，然后当着她的面给年级组长打了电话，建议学校狠狠地批评小萍，一定要小萍做出深刻检讨。我一边打电话一边看小莹的表情，更加确信她没有失聪，听得见我说的话。

我挂了电话后接着问：“小莹，你爸爸妈妈是做什么工作的？”

她轻轻地说：“爸爸在电信部门工作，妈妈在会计师事务所上班。”

“你有弟弟妹妹吗？”我试探性地问道。

“没有，就我一个。”她摇摇头说。

“爸爸妈妈是不是很疼你啊？”我轻声问道。

“是的。”她点点头。

“你有爸爸的电话吗？”

“有的。”

于是我拿了纸笔给小莹：“把爸爸的电话号码告诉我，好吗？”

她接过了纸笔，写下了电话号码。我看她没什么问题了，就把她送回了班里。正好班主任王老师在布置作业。同学们做作业的时候，我示意王老师出来一下。

王老师走出教室，我把她拉到一边。“小莹的事我知道了。我看她已经回教室了，没事了吧？”王老师关切地问道。

“现在没什么事了，但她刚才的情况有点儿像转换型癔症（患者多表现为躯体不适，如出现感觉障碍、运动障碍、反射障碍等）。我需要跟家长取得联系，建议家长带孩子去专业的心理机构求助。你下课后是不是给她家长打个电话，让他们来一下？我们一起和他们谈谈，主要是了解一下孩子的成长环境，以及该采取哪些预防措施。”我低声对王老师说。

“好的，下课后我就打。”王老师接过电话号码说。

看着王老师走回教室，我也转身向办公室走去。我知道转换型癔症来得突然，恢复也比较快，但要消除后续的诱发因素则较为困难，如何与小莹父母交流就显得尤为重要。想到这些，我的脚步不知不觉地加快了。

几天后我接到小莹爸爸的电话，他已经带小莹去过心理专科医院了，希望与我见面。我们在电话中约定了时间。

我从班主任和任课老师那里得知了小莹的一些情况。跟班级的其他同学相比，小莹的家境是非常富裕的。据任课老师介绍说，小莹在班里成绩中等，表现一般，但是很有优越感；在与同学交往时非常任性，与同学关系也很一般。

见到小莹爸爸后，他大致向我介绍了医院诊疗的情况。医生建议他平时多引导孩子合理宣泄情绪，不要太宠爱孩子，要让孩子受点儿挫折。

听完这些，我知道该如何帮助小莹了。

我先让小莹看了她喜欢的动画片片段。看完后，我问她：“这里面的人物都有些什么样的情绪变化？”

“高兴、失望、伤心、害怕。”她轻松地回答。

“是啊。高兴、失望、伤心等情绪都是我们面对一些事情时会有的正常表现。假如你遇到一些不高兴的事，伤心、生气了，会怎么做呢？”

她朝我看了一眼，不回答。任凭我怎么问，她就是不回答。随后，她爸爸告诉我，小莹生气时的表现通常是用嘴舔地板、剪新衣服等。

我告诉她，遇到不开心的事时，既可以听听音乐，唱唱歌，跳跳舞，或者睡上一觉，又可以把不开心的事写下来，或者请大人帮忙，和好朋友谈谈，找出原因，想出解决办法。我还邀请她爸爸和她一起玩打沙袋的游戏。

由于家长没有告诉我更多的就诊信息，出于尊重孩子的隐私，我也没有更多地打探。帮助小莹宣泄负面情绪，增加抗压能力，提高承受挫折的能力，这是学校心理辅导老师可以做的事情。为此，我建议她爸爸每周带她去玩一些户外的拓展游戏。在游戏中，父母可以在她遇到困难而退缩时及时鼓励，帮助她分析遭受挫折的主观及客观原因，让她认识到无论做什么事情都可能会遇到挫折，只有鼓起勇气努力向前，才能最终克服困难，战胜挫折。另外，在她做出努力取得一定成绩时，他们要及时肯定，让她看到自己的能力，从而使她更有信心面对新的困难。

从那以后，小莹再也没有出现过类似失聪的情况，愉快地完成了小学阶段的学习，顺利升入中学。

聆听手记

儿童转换型癔症有明显的家庭和社会因素。例如，父母在教育方式上对孩子过分严厉，保护或干涉过多，对孩子的心理都将产生严重的不良影响，造成他们心理失衡、自卑或以自我为中心的性格特点，受不了半点儿委屈和挫折，出现精神应激时易导致癔症发作而引起周围人的关注。小莹的突然失聪印证了这一点。

儿童转换型癔症发病前均有精神刺激因素。例如，教师、家长的训斥，同学间的争执，考试成绩下降，受到惊吓等。这是一种精神疾病，家长应该寻求专业心理医疗机构的帮助，同时有效的心理辅导可以起到辅助治疗的作用。

9 总怀疑感染了病毒的学生
——如何帮助怀疑自己有病的学生

一场突如其来的疫情让整个城市就像被一只巨手按下了暂停键。我站在窗边望着窗外空荡荡的马路，心里空落落的。就在这时，我的手机响了，拿起手机一看，是我的学生小生的电话。小生是班长，不仅学习成绩优秀，其他方面表现也很突出，在学生中的威信很高。

“老师好！现在您有时间吗？”电话里传来他礼貌的声音。

“我有空啊，你有什么事吗？”我边说边走回书房，在书桌前坐了下来。

“老师，我最近发现自己快不行了。我好像感染病毒了。”说这句话时，他的声音明显变小了。

“怎么了？”闻言我吃了一惊。

“我也不知道怎么了。我最近嗓子总是痒痒的，非常难受，一会儿觉得胸口憋得难受，一会儿又觉得脑袋疼，要么就是感觉自己全身无力，好像被病毒感染了。”

听到这话我不禁有些语塞，不知道该怎么回答。思忖了一会儿我说道：“和你父母说你的身体情况了吗？”

“说了。可是他们死活不信，说现在大家都在家隔离，都没与外界接触过，不会被感染的。”他有些郁闷，“可是我就觉得自己浑身不舒服，电视上说的很多症状我都能对上号。”

“现在是季节交换之际，人本来就容易感冒，前段时间我也不太舒服。”我想了想说道。

“我爸爸妈妈也是这么说的。可是，我每天从电视上、网络上看见那么多患者，我还是很害怕。”他的声音怯怯的。

“现在相关新闻很多，但这些新闻也是良莠不齐的，我们也要正确区分对待。对这样的疾病我们要科学对待，就算不幸真的被感染了，只要积极配合治疗，也会很快康复的。”我耐心地解释道，“还有情绪对人的影响也是非常大的。有的人虽然只有一点儿小毛病，但如果看得过于严重，整日忧心忡忡，就会影响身心健康。”

“老师，我的情况真的是心理问题吗？”他问道。

“从你描述的情况来看，你缺乏感染病毒的条件。自从疫情发生以来，你一直在家，没有接触过相关病人。现在，你也没有出现发烧、干咳等典型症状，被感染的可能性是非常小的，不要过度恐慌和焦虑。你没事儿的。”我安慰他说，“你后续还可以继续观察自己的身体状况，判断不舒服的症状和病毒的典型症状是不是相符合。如果比较符合，还是要及时告诉父母，求助医生；如果不符合，可能是身体其他方面的疾病，不必总是把自己和病毒联系起来。如果确定自己是健康的，但还是控制不住担心，那就试着转移注意力，让自己长时间投入地去做自己感兴趣的事情，从而减轻对得病的恐惧。”

“原来我没有病，没有被感染。”他一下子开心起来。

接着，我与他讨论了如何转移注意力的做法。我建议他，与其每天东想西想，自己吓唬自己，还不如趁着假期，多看一些书，多学习一些科学文化知识，打消对疾病的顾虑。

我与他约定，多与父母交流，帮父母做家务。一般来说，当一个人乐观、积极、心胸宽广的时候，是不会乱猜疑的，也就不会成天纠结于自己是否得病了。面对突如其来的疫情，我们都要保持乐观向上的情绪状态，要学会表达自己的情绪，转移注意力；培养兴趣爱好，适当进行运动充实生活，放松身心。我建议他也可以多与父母聊天或者通过电话、网络与同学交流，从而获得情感支持。总之，提升自己的免疫力非常重要。

“老师，其实不光我这样，班里有几个同学也有这样的情况。”他顿了顿说道。

“都有谁呢？”听到这里，我不由得警觉起来。

“小鹏也觉得自己被病毒感染了。”他犹豫了一下还是说了，“还有小雅说她好像也得病了。”

很明显可以听出他的声音有些颤抖，我意识到问题比较严重了。这是公共卫生安全问题导致学生的心理过激反应引起的焦虑，应该立即采取措施进行有效的心理干预，否则后果会很严重。可是现在是疫情期间，大家都在家自我隔离，没办法出门。该怎么办好呢？我思索着，竟然忘了手里还拿着正在通话状态下的电话。

“老师，您给我们上一堂课吧。每次同学听完您的课心情都会好起来。”电话里传来小生的声音，一下子就把我唤醒了。对啊！何不利用学校的网络教学系统给学生上一堂心理辅导课？“好的，你负责通知一下班上的同学，明天下午一点半，在学校的网络教学平台上，我给大家上一堂心理辅导课——‘认识病毒，健康成长’。”

聆听手记

是什么原因导致小生同学总怀疑自己得病了呢？一是个性特点所致。疑病心理多被发现于敏感、多疑，以及主观、固执的人当中。二是认知误导。由于缺乏医学知识，又总是断章取义地去运用医学知识，有的人在自我暗示的作用下，容易产生错觉。三是情绪的作用。有的人虽然只有一点儿小毛病，但如果看得过于严重，整日忧心忡忡，也可能引发疑病心理。心胸宽广、乐观豁达的人，一般不会出现类似情况。如果医生说的和医院检查的结果都不能打消有病的顾虑，那么“心病还须心药医”，我建议学生不妨去找心理医生聊一聊。

10 常犯哮喘病的学生
——如何帮助学生缓解焦虑情绪

冬日的一天，下班后我赶回家。等到楼道里的电梯门打开时，我看见一个女警抱着一个孩子冲了出来。我仔细一看，才认出是住在八楼的邻居。

“怎么了？孩子病了？”我一边等电梯里的其他人出来一边问。

“孩子的哮喘病又犯了，我现在送他去医院。”她焦急地说。

“那你怎么去啊？”我关心地问。

“有什么办法呢，打个出租车呗！”她一边说一边往外走。可她刚走到楼道口，犹豫了一下停住了。

我本想往电梯里走，看她停住了，觉得不对劲儿，又返回楼道口：“今天这个天气恐怕不太好打车，再说你也不能抱孩子在雪地里等啊！这样吧，我送你们去医院。”说着，我拉着他们母子俩往地下车库走去。

“那太谢谢您了！”她一个劲儿地道谢。

到了医院，我们带孩子做了一系列检查，然后一起等结果。恰巧主治医生是我的同学。他把我叫到远离邻居的诊室说：“老同学，这个孩子经常来我们医院。他妈妈属于特别容易精神紧张的人，每次来都是大惊失色的。那孩子生病除了呼吸道感染、天气变化、过度劳累等因素外，恐怕还有心理问题。”

老同学的这番话提醒了我。因为住在同一个单元，我和邻居一家人还算熟悉。我知道他们平时很疼爱孩子。但也许是职业原因，他们对待孩子犯的小错误异常严厉。这种情况很符合诱发儿童哮喘的心理原因。于是我对老同学说："谢谢。你的话提醒了我，我去找孩子妈妈了解一下。"说完我和老同学道了别，离开了诊室。

我走到邻居身边坐下问："孩子是怎么发病的？"

"今天一开始挺好的。我在厨房里做菜，孩子在做作业。不知道他是做累了还是贪玩，在客厅里踢起皮球来，然后就把花瓶给打碎了。我听到声音跑出来批评了他几句，他就回房间了。一会儿我就听见他咳嗽，进去一看就是这个样子了。"

"你是怎么批评的？"我追问了一句。

"就说如果他不听话，以后长大了就会变得和妈妈抓的那些坏人一样。"她不解地看着我说。

"前几次他发病前的情况你还记得吗？"我接着问。

她看着我想了一下说："情况都不太一样。有时是感冒咳嗽了几声，我很紧张，马上带他去医院，但是情况却越来越严重了。有时是看电视看得好好的，突然就发作了。还有时是作业做到一半就猛烈咳嗽了。"

我心里多少明白了一些："你想过没有，诱发你孩子哮喘的可能还有一种原因——心理问题。"

"是吗？"她睁大了眼睛看着我，"那该怎么办呢？"

"这样吧，今天你先和医生确定孩子的治疗方案，明天带孩子到心理辅导室来，我们一起做个心理辅导吧！"

第二天中午，邻居带孩子准时来到了心理辅导室。还没来得及坐下，她就数落起孩子的不是。我赶紧支开她，跟孩子聊了起来："你叫什么名字，几岁了，几年级？"

"我叫冬冬，8 岁了，刚上一年级。"他一边咳嗽一边回答，很拘谨的样子。

"你身体不舒服吗？"我关注他的情绪和身体反应。

"嗯，头有点儿痛，有点儿冷。"鉴于他的这种焦虑情绪反应，我尝试为他疏导情绪，引导他做深呼吸。三分钟后，他的情绪有所好转。

接下来的心理辅导我主要对他进行了放松训练，希望通过放松训练来减少哮喘发作的频率。具体方法是：让他听哮喘发作时的哮喘音，引起哮喘发作，然后进行较大呼吸量的反复训练，同时示范放松的指导语：“头脑保持清醒，要感到全身肌肉放松，深深地吸气，慢慢地吐出……”在辅导结束时，我坚定地告诉他，只要他经过 10 次训练，配合医生治疗，哮喘的毛病就会治好。

在心理辅导后，我给冬冬布置了作业：按照引导语放松全身各部位肌肉，训练时间为每天中午和晚上睡觉前 10 分钟。

除了对冬冬进行心理辅导外，我还跟邻居进行了交流。

“你一进门就抱怨，昨天晚上没有睡好，今天又请假带孩子来看病。这些消极的态度会给孩子带来很大的负面影响。”我把相关的心理学知识介绍给她，“母子关系与哮喘发作密切相关。孩子只要咳嗽一声，你立即反应强烈，精神高度紧张。除了哮喘病人要用药治疗外，家长更应改变敏感的情绪，尤其是你——孩子的妈妈，你的焦虑情绪、悲观态度对孩子的心理状态有很大的影响，甚至会诱发他哮喘病的发作。”

听了我的一番话，她起先是很惊讶，也很抗拒，这也是我预料之中的。哪个家长愿意承认自己孩子的哮喘病居然是自己一手造成的呢？

解铃还须系铃人。家庭系统内任何成员表现出的行为，都会受到系统内其他成员的影响。个人行为影响家庭系统，家庭系统也影响个体成员。所以，我希望她改变思维模式，尽量不要在冬冬面前抱怨，用积极的心态看待问题。同时，对冬冬的关注要掌握好尺度，既不要百依百顺，也不要上纲上线。应多花点儿心思在自己的日常工作和生活中。有的父母因孩子有病而过分照顾孩子，使孩子在心理上产生娇贵的想法，甚至利用哮喘症状来操纵父母。因此，对一些不易为药物控制的哮喘患儿，家长应注意寻找是否存在导致情绪紊乱的因素。

邻居尽管抗拒，但慢慢地也在改变。她有时间约我逛街了，也有时间去小区跳广场舞了，在心理上对冬冬也开始放手了。她的改变带来了她家庭的改变。她丈夫觉得她变得更温柔了。孩子觉得她更讲道理了，爸爸更有威信了。不知从哪天起，冬冬再也没有犯过哮喘。

聆听手记

本案例中患哮喘病孩子的母亲是一个典型的过分保护型母亲。患有哮喘病的孩子常常是整个家庭的焦点，孩子成了母亲的“配偶替身”。哮喘发作是孩子对母亲的不断接近和不断要求而采取的逃避行为。哮喘症状不仅有争取注意和接近的意义，也有抗议的意义。因此，母亲行为的改变能带动整个家庭模式的改变，能减少孩子的焦虑情绪，从而消除孩子产生哮喘的心理源头。

图书在版编目（CIP）数据

读懂小学生：心理特级教师的咨询手记 / 杨敏毅，吴权著 . -- 修订本 . -- 北京：中国人民大学出版社，2023.1

ISBN 978 - 7 - 300 - 31291 - 0

Ⅰ. ①读… Ⅱ. ①杨… ②吴… Ⅲ. ①小学生—心理健康—健康教育 Ⅳ. ①G444

中国版本图书馆 CIP 数据核字（2022）第 245117 号

读懂小学生：心理特级教师的咨询手记（修订本）

杨敏毅　吴权　著

Du Dong Xiaoxuesheng: Xinli Teji Jiaoshi de Zixun Shouji (Xiuding Ben)

出版发行	中国人民大学出版社		
社　　址	北京中关村大街 31 号	邮政编码	100080
电　　话	010 － 62511242（总编室）		010 － 62511770（质管部）
	010 － 82501766（邮购部）		010 － 62514148（门市部）
	010 － 62515195（发行公司）		010 － 62515275（盗版举报）
网　　址	http://www.crup.com.cn		
经　　销	新华书店		
印　　刷	北京华宇信诺印刷有限公司		
规　　格	168 mm × 239 mm　16 开本	版　　次	2023 年 1 月第 1 版
印　　张	13.75　插页 1	印　　次	2023 年 1 月第 1 次印刷
字　　数	180 000	定　　价	68.00 元